서울대학교
한국어

I LOVE KOREAN

서울대학교 언어교육원 지음

Workbook 5

서울대학교출판문화원

I Love Korean 5
Workbook

초판 1쇄 발행 2015년 11월 30일
초판 2쇄 발행 2025년 5월 20일

지은이 서울대학교 언어교육원

펴낸곳 서울대학교출판문화원
주소 08826 서울 관악구 관악로 1
도서주문 02-889-4424, 02-880-7995
홈페이지 www.snupress.com
페이스북 @snupress1947
인스타그램 @snupress
이메일 snubook@snu.ac.kr
출판등록 제15-3호

ISBN 978-89-521-1790-8 04710
978-89-521-1804-2 (세트)

Written by Language Education Institute, Seoul National University
Published by Seoul National University Press

The MP3 audio files can be accessed and downloaded through the SNU Language Education Institute website http://lei.snu.ac.kr/klec, SNU Press website http://www.snupress.com, and the QR code on the right.

머리말
Preface

I Love Korean 5 Workbook has been developed as a supplementary guide for **I Love Korean 5 Student's Book**, the fifth volume in the Korean textbook series designed for the short-term program (approximately 60 hours) by the Language Education Institute of Seoul National University. This book is coordinated to function as practice and review for what learners have studied from the Student's Book. The main goal of this book is to help learners to communicate with better fluency and accuracy in real life situations through additional practices and in-depth exercises in vocabulary, grammar, and expressions. This book has the following features:

First, a variety of vocabulary exercises are provided so that learners will be able to accurately understand the meaning and use of the main vocabulary of each lesson and properly apply them to their everyday life.

Second, conversation practice and grammar exercises are included in order for learners to accurately grasp the meaning of target grammar and expressions, which are briefly discussed in the Student's Book, and use them appropriately. Learners will be able to easily understand both the basic pattern and meaning of target grammar and expressions as such are properly exhibited with various types of exercises that are gradually presented.

Third, target vocabulary, grammar, and expressions are provided alongside those that are similar so that learners can deepen and expand their comprehension through a spiraled approach of language learning.

Fourth, diverse tasks are employed to improve communicative skills that were addressed in the Student's Book. Such tasks will be able to increase proficiency in listening, speaking, reading, and writing, as well as promote communicative competence in the integration of these skills.

Fifth, the rich content and various types of exercises are provided for selective use and application depending on the needs or situation of the learner. Also, explanations of target grammar and expressions as well as MP3 audio files are included to enable learners to use this book for independent study.

We at the SNU Language Education Institute wish to express our sincere gratitude to all the instructors from the Textbook Development Committee who have dedicated their effort in the writing and publication of this book for an extended period of time. Additionally, we would like to extend our gratitude to Ms. Kwak Jin-hee, Head of the Publishing Department of SNU Press, and her editorial staff for their support in having this book published.

November 2015

Young chul Jun

Executive Director, Language Education Institute, Seoul National University

일러두기
How to Use This Book

I Love Korean 5 Workbook consists of nine lessons, and each lesson is composed of the following sections.

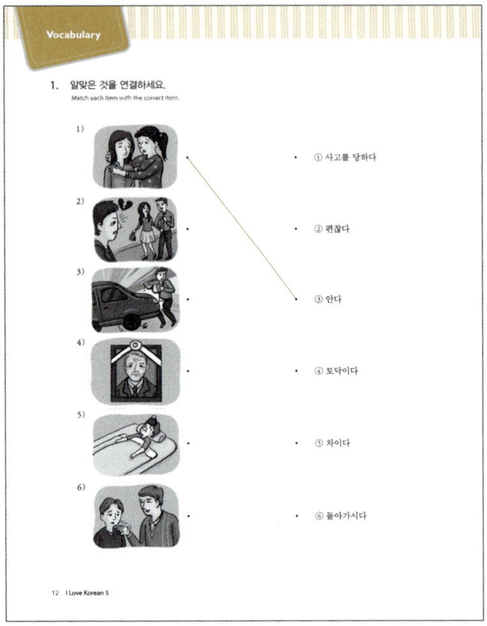

Vocabulary

1. 알맞은 것을 연결하세요.
Match each item with the correct item.

1) • • ① 사고를 당하다
2) • • ② 편찮다
3) • • ③ 안다
4) • • ④ 토닥이다
5) • • ⑤ 차이다
6) • • ⑥ 돌아가시다

12 I Love Korean 5

Vocabulary

Learners will check the meanings and master the use of main vocabulary words by sentence and conversation practice.

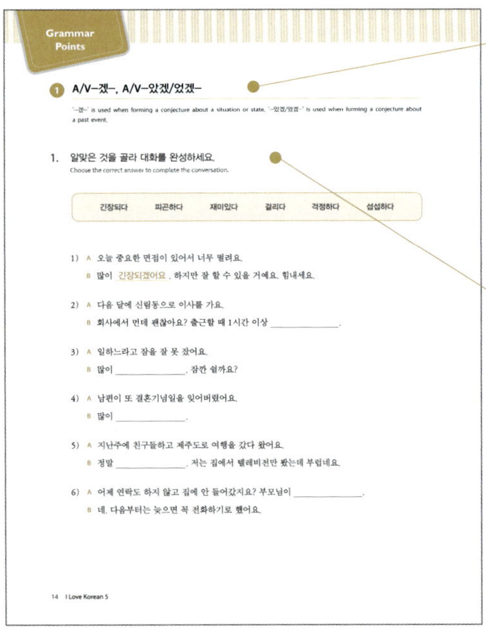

Grammar Points

❶ A/V-겠-, A/V-았겠/었겠-

'-겠-' is used when forming a conjecture about a situation or state. '-았겠/었겠-' is used when forming a conjecture about a past event.

1. 알맞은 것을 골라 대화를 완성하세요.
Choose the correct answer to complete the conversation.

긴장되다 피곤하다 재미있다 걸리다 걱정하다 섭섭하다

1) A 오늘 중요한 면접이 있어서 너무 떨려요.
B 많이 긴장되겠어요. 하지만 잘 할 수 있을 거예요. 힘내세요.

2) A 다음 달에 신림동으로 이사를 가요.
B 회사에서 먼데 괜찮아요? 출근할 때 1시간 이상 ________.

3) A 일하느라고 잠을 잘 못 잤어요.
B 많이 ________. 잠깐 쉴까요?

4) A 남편이 또 결혼기념일을 잊어버렸어요.
B 많이 ________.

5) A 지난주에 친구들하고 제주도로 여행을 갔다 왔어요.
B 정말 ________. 저는 집에서 텔레비전만 봤는데 부럽네요.

6) A 어제 연락도 하지 않고 집에 안 들어갔지요? 부모님이 ________.
B 네. 다음부터는 늦으면 꼭 전화하기로 했어요.

14 I Love Korean 5

Grammar Points

Target grammar points are provided.

Learners will practice inflections or conjugations of target grammar.

Using target grammar points, learners will practice conversations suitable for the given situations.

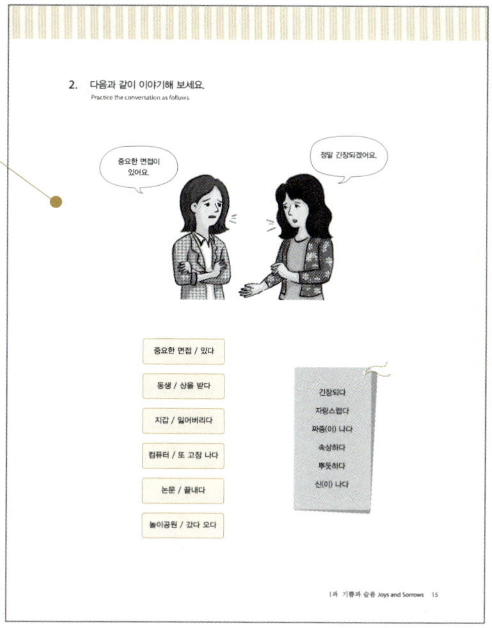
2. 다음과 같이 이야기해 보세요.
Practice the conversation as follows.

중요한 면접 / 있다
동생 / 상을 받다
지갑 / 잃어버리다
컴퓨터 / 또 고장 나다
논문 / 끝내다
놀이공원 / 갔다 오다

긴장되다
자랑스럽다
짜증(이) 나다
속상하다
뿌듯하다
신(이) 나다

1과 기쁨과 슬픔 Joys and Sorrows 15

Comprehensive Review

Learners will practice and consolidate grammar, vocabulary, and expressions from each lesson by associating them with what they have learned from previous lessons. Additionally, learners will improve such understanding as they complete exercises of extensive reading and listening passages related to the themes of each lesson.

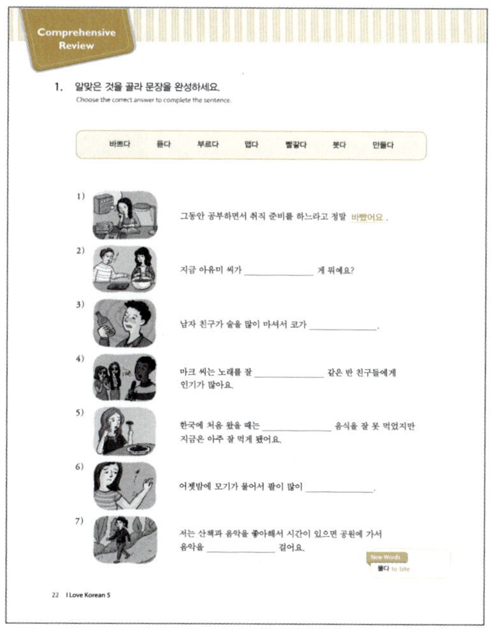
Comprehensive Review

1. 알맞은 것을 골라 문장을 완성하세요.
Choose the correct answer to complete the sentence.

바쁘다 듣다 부르다 맵다 빨갛다 붓다 만들다

1) 그동안 공부하면서 취직 준비를 하느라고 정말 바빴어요 .
2) 지금 아유미 씨가 ______________ 게 뭐예요?
3) 남자 친구가 술을 많이 마셔서 코가 ______________.
4) 마크 씨는 노래를 잘 ______________ 같은 반 친구들에게 인기가 많아요.
5) 한국에 처음 왔을 때는 ______________ 음식을 잘 못 먹었지만 지금은 아주 잘 먹게 됐어요.
6) 어젯밤에 모기가 물어서 팔이 많이 ______________.
7) 저는 산책과 음악을 좋아해서 시간이 있으면 공원에 가서 음악을 ______________ 걸어요.

New Words
물다 to bite

22 I Love Korean 5

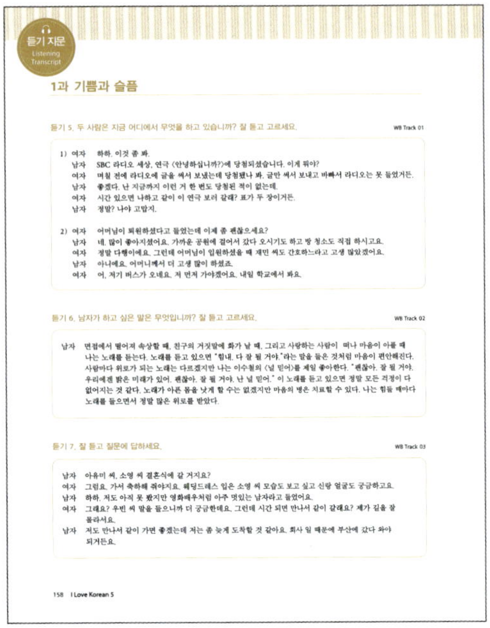

Listening Transcript

Transcripts for listening exercises in 'Comprehensive Review' are provided.

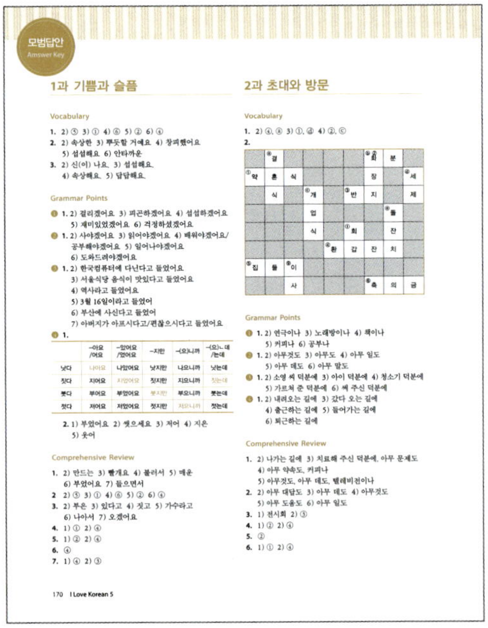

Answer Key

Answers to the exercises are provided.

차례
Contents

교재 구성표
Scope and Sequence

단원 Lesson	1과 기쁨과 슬픔	2과 초대와 방문	3과 건강과 운동	4과 추억과 경험	5과 날씨와 기후
어휘 Vocabulary	• 감정 • 위로	• 초대 • 방문 선물	• 건강 이상 증상 • 여러 가지 동작	• 학창 시절 • 회상	• 날씨 1 • 날씨 2
말하기 Conversation	• 공감 표현하기 • 위로하기	• 초대하기 • 감사 표현하기	• 조언하기 • 움직임 표현하기	• 회상 표현하기 • 기억에 남는 일 말하기	• 날씨 표현하기 • 걱정 표현하기
듣고 말하기 Listening & Speaking	• 승진 축하하는 대화 듣기 • 축하하기, 위로하기	• 초대와 방문에 대한 대화 듣기 • 고향의 초대와 방문 문화에 대해 이야기하기	• 건강에 관련된 대화 듣기 • 건강을 지키기 위한 자신만의 방법 말하기	• 학창 시절의 추억 듣기 • 학창 시절 기억에 남는 일 말하기	• 날씨 관련 대화 듣기 • 모임이나 행사를 준비하면서 걱정되는 일 말하기
읽고 쓰기 Reading & Writing	• 위로 받은 경험에 대한 글 읽기 • 축하나 위로 받은 경험 쓰기	• 여행 블로그 글 읽기 • 여행 가서 도움 받은 경험 쓰기	• 온라인 건강 상담 관련 글 읽기 • 건강 관련 문제점과 조언 쓰기	• 이메일 읽기 • 작별 인사 이메일 쓰기	• 날씨 관련 옛날 이야기 읽기 • 장마의 장점과 단점 찾아서 쓰기
문화 Culture	• 축의금 • 아버지? 아버님?	• 달라진 집들이 문화 • 고맙다 vs 감사하다	• 보양식 • 한국인의 현대병	• 동창과 동창회 • 한국 전통 결혼식	• 복날 • 장마철
핵심 표현 Grammar Points	• A/V-겠-, A/V-았겠/었겠- • V-아야겠/어야겠- • A-다고 들었다, V-ㄴ다고/는다고 들었다, N(이)라고 들었다 • 'ㅅ' 불규칙	• N(이)나 • 아무 N도 • V-(으)ㄴ/는 덕분에, N 덕분에 • V-는 길에	• V-기 위해(서) • N마다 N씩 • V-이/히/리/기/우- • V-았다가/었다가	• A/V-더니① • V-곤 하다 • A-아하다/어하다 • A-(으)ㄴ 척하다, V-는 척하다, N인 척하다	• V-이/히/리/기- • A/V-더니② • A/V-(으)ㄹ 텐데 • A/V-(으)ㄹ까 봐

단원 Lesson	6과 음식과 조리법	7과 신고와 신청	8과 친구와 연인	9과 축제와 공연
어휘 Vocabulary	• 맛 • 조리법	• 신고 • 신청	• 친구, 연인 • 성격, 태도	• 전통 공연 • 감상, 평
말하기 Conversation	• 맛있는 음식이나 식당 권유하기 • 조리법 소개하기	• 정보 구하기 • 신청하기	• 안부 묻기 • 성격과 태도 표현하기	• 추천하기 • 정보 확인하기
듣고 말하기 Listening & Speaking	• 안동 여행 대화 듣기 • 여행지와 대표 음식에 대해 이야기하기	• 도난 신고하는 대화 듣기 • 신고에 대한 정보 구하기	• 오랜만에 만난 친구와의 대화 듣기 • 친구들의 성격과 태도에 대해 이야기하기	• 해외에서의 K-Pop 인기에 관한 인터뷰 듣기 • 기억에 남는 공연에 대해 이야기하기
읽고 쓰기 Reading & Writing	• 김치에 대한 설명문 읽기 • 고향 음식에 대해 쓰기	• 장학금 신청 관련 안내문 읽기 • 장학금 신청서 작성하기	• 친구 문제로 상담하는 글 읽기 • 친구와 애인의 차이점 쓰기	• 지역 축제 추천하는 기사 읽기 • 고향의 축제 소개하는 글 쓰기
문화 Culture	• 신당동떡볶이 타운 • 김밥	• AS 센터 • 한국의 도장 문화	• 단짝 • 소개팅	• 부산국제영화제 • 판소리
핵심 표현 Grammar Points	• A/V-(으)ㄴ/는 데다가 • A/V-던데(요) • V-(으)ㄴ/는 대로, N대로 • V-아/어 놓다	• A-(으)ㄴ가요?, V-나요?, N인가요? • V-아지다/어지다 • V-는 대신(에), N 대신(에) • V-아/어 버리다	• N 만에, N 만이다 • V-고 보니(까) • A-(으)ㄴ데도, V-는데도, N인데도 • V-게 하다	• N(이)라고 해서 다 A/V-(으)ㄴ/는 것은 아니다 • V-아다/어다 주다 • A/V-다/냐/(으)라/자고(요)?, N(이)라고(요)? • N(이)든지

1 기쁨과 슬픔
Joys and Sorrows

Vocabulary

1. 알맞은 것을 연결하세요.

Match each item with the correct item.

1) 

2) 

3) 

4) 

5) 

6) 

① 사고를 당하다

② 편찮다

③ 안다

④ 토닥이다

⑤ 차이다

⑥ 돌아가시다

2. 알맞은 것을 골라 문장을 완성하세요.

Choose the correct answer to complete the sentence.

자랑스럽다	안타깝다	뿌듯하다
섭섭하다	창피하다	속상하다

1) 동생이 대학교에 입학해서 정말 자랑스러워요 .

2) 요즘 ______________ 일이 많아요. 지갑도 잃어버리고 노트북도 고장 났거든요.

3) 열심히 공부해서 장학금을 받으면 ______________.

4) 어제 버스에서 내리다가 넘어졌는데 너무 ______________.

5) 1년 동안 같이 공부했던 친구가 고향으로 돌아가게 돼서 ______________.

6) 돈이 없어서 아기가 치료를 못 받고 있대요. 정말 ______________ 일이에요.

3. 알맞은 것을 고르세요.

Choose the correct answer.

1) 내일 면접이 있어서
- [x] 긴장돼요.
- [ ] 뿌듯해요.

2) 내가 좋아하는 축구팀이 경기에서 이겨서
- [ ] 신(이) 나요.
- [ ] 짜증(이) 나요.

3) 오늘이 내 생일인데 친구들이 모르는 것 같아서
- [ ] 섭섭해요.
- [ ] 소중해요.

4) 친구한테 새 카메라를 빌려줬는데 고장이 나서
- [ ] 아쉬워요.
- [ ] 속상해요.

5) 1년 동안 한국어를 공부했지만 아직 하고 싶은 말을 잘 못해서
- [ ] 침착해요.
- [ ] 답답해요.

New Words
침착하다
to be composed

Grammar Points

1 A/V–겠–, A/V–았겠/었겠–

'–겠–' is used when forming a conjecture about a situation or state. '–았겠/었겠–' is used when forming a conjecture about a past event.

1. 알맞은 것을 골라 대화를 완성하세요.

Choose the correct answer to complete the conversation.

긴장되다	피곤하다	재미있다	걸리다	걱정하다	섭섭하다

1) A 오늘 중요한 면접이 있어서 너무 떨려요.

   B 많이 긴장되겠어요 . 하지만 잘 할 수 있을 거예요. 힘내세요.

2) A 다음 달에 신림동으로 이사를 가요.

   B 회사에서 먼데 괜찮아요? 출근할 때 1시간 이상 ________________.

3) A 일하느라고 잠을 잘 못 잤어요.

   B 많이 ________________. 잠깐 쉴까요?

4) A 남편이 또 결혼기념일을 잊어버렸어요.

   B 많이 ________________.

5) A 지난주에 친구들하고 제주도로 여행을 갔다 왔어요.

   B 정말 ________________. 저는 집에서 텔레비전만 봤는데 부럽네요.

6) A 어제 연락도 하지 않고 집에 안 들어갔지요? 부모님이 ________________.

   B 네. 다음부터는 늦으면 꼭 전화하기로 했어요.

2. 다음과 같이 이야기해 보세요.

Practice the conversation as follows.

중요한 면접 / 있다
동생 / 상을 받다
지갑 / 잃어버리다
컴퓨터 / 또 고장 나다
논문 / 끝내다
놀이공원 / 갔다 오다

긴장되다
자랑스럽다
짜증(이) 나다
속상하다
뿌듯하다
신(이) 나다

2 V-아야겠/어야겠-

'-아야겠/어야겠-' is used when expressing the speaker's volition or conjecture about an action that ought to be done.

1. 그림을 보고 대화를 완성하세요.

Look at the picture and complete the conversation.

1) 

A 방학 때 아르바이트를 좀 해야겠어요.

B 저도 여행 가려면 돈이 필요한데 같이 할까요?

2) 

A 주말에 옷 한 벌 ______________.

친구 결혼식에 입고 갈 옷이 없거든요.

B 그럼 주말에 같이 백화점에 가요.

New Words

벌
pair (counting unit for clothes)

3) 

A 오늘부터 매일 신문을 ______________.

B 잘 생각했어요. 신문을 읽으면 여러 가지로 도움이 많이 돼요.

4) 

A 프랑스로 유학을 가려고 해요.

B 그러면 프랑스어를 미리 ______________.

5) 

A 내일 아침 7시 비행기를 타야 돼요.

B 그래요? 내일 아침에는 일찍 ______________.

6) 

A 어머니가 혼자 집에서 음식 준비를 하고 계세요.

B 그럼 빨리 집에 들어가서 어머니를 ______________.

2. 다음과 같이 이야기해 보세요.

Practice the conversation as follows.

3 A–다고 들었다, V–ㄴ다고/는다고 들었다, N(이)라고 들었다

'–다고 들었다' is used when indirectly quoting information that the speaker heard from someone else.

1. 그림을 보고 대화를 완성하세요.
Look at the picture and complete the conversation.

1) 

A 마크 씨가 무슨 음식을 좋아하는지 알아요?

B 갈비를 좋아한다고 들었어요.

2) 

A 우빈 씨가 어느 회사에 다니는지 알아요?

B ______________________.

3) 

A 어느 식당 음식이 맛있는지 알아?

B ______________________.

4) 

A 에밀리 씨 전공이 무엇인지 알아요?

B ______________________.

5) 

A 소영 씨 생일이 언제인지 알아?

B ______________________.

6) 

A 김 선생님이 어디에 사시는지 알아?

B ______________________.

7) 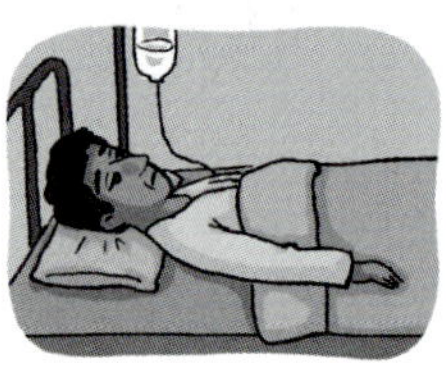

A 칼리드 씨가 왜 고향에 가는지 알아요?

B ______________________.

2. 다음과 같이 이야기해 보세요.

Practice the conversation as follows.

10월 9일에 말하기 대회를 해요.

관악산으로 등산을 가요.

책값이 **15,000원**이에요.

요즘 제주도는 날씨가 **따뜻해요**.

재민 씨가 파티를 준비했어요.

4 'ㅅ' 불규칙

'ㅅ' irregular verbs and adjectives drop their final consonant 'ㅅ' when they are combined with suffixes that begin with a vowel. However, '웃다, 씻다, 벗다' are regular verbs so they do not drop their final consonant 'ㅅ.'

1. 빈칸에 알맞게 쓰세요.

Fill in the blanks.

	–아요/어요	–았어요/었어요	–지만	–(으)니까	–(으)ㄴ데/는데
낫다	나아요				
짓다		지었어요			짓는데
붓다			붓지만		
젓다				저으니까	

2. 알맞은 것을 골라 대화를 완성하세요.

Choose the correct answer to complete the conversation.

젓다　웃다　짓다　씻다　붓다

1) A 왜 그렇게 눈이 ______________?
   B 아까 슬픈 영화를 보면서 좀 울어서 그래요.

2) A 감기에 걸리지 않으려면 손을 자주 ______________.
   B 네, 잘 알겠습니다.

3) A 커피가 좀 쓴 것 같아요.
   B 설탕을 넣었으니까 잘 ______________ 보세요.

New Words
낫다 to recover
짓다 to build
붓다 to swell
젓다 to stir
씻다 to wash

4) A 이사 간 집은 어때?

B 새로 ______________ 아파트라서 아주 깨끗하고 좋아.

5) A 사진 찍는데 표정이 왜 그래. 좀 ______________.

B 알았어. 빨리 찍어.

3. 다음과 같이 주사위를 던져 나온 동사를 사용해서 문장을 만들어 보세요.

Roll a die and make a sentence using the verb that appears as follows.

낫다

짓다

젓다

붓다

잇다

긋다

New Words
잇다 to connect
긋다 to draw

Comprehensive Review

1. 알맞은 것을 골라 문장을 완성하세요.

Choose the correct answer to complete the sentence.

바쁘다	듣다	부르다	맵다	빨갛다	붓다	만들다

1) 

그동안 공부하면서 취직 준비를 하느라고 정말 바빴어요 .

2) 

지금 아유미 씨가 ______________ 게 뭐예요?

3) 

남자 친구가 술을 많이 마셔서 코가 ______________.

4) 

마크 씨는 노래를 잘 ______________ 같은 반 친구들에게 인기가 많아요.

5) 

한국에 처음 왔을 때는 ______________ 음식을 잘 못 먹었지만 지금은 아주 잘 먹게 됐어요.

6) 

어젯밤에 모기가 물어서 팔이 많이 ______________.

7) 

저는 산책과 음악을 좋아해서 시간이 있으면 공원에 가서 음악을 ______________ 걸어요.

New Words

물다 to bite

2. 알맞은 것을 연결하세요.

Match each item with the correct item.

1) 한국어를 3년 동안 공부했어요. •
2) 또 술 마셨어요? 안 마시기로 했잖아요! •
3) 서류 가져왔어요? •
4) 열심히 공부해서 1등 했어요. •
5) 시험 준비도 해야 되고 발표 준비도 해야 돼요. •
6) 또 늦었네요. •

• ① 지금 가서 가져오겠습니다.
• ② 많이 힘들겠어요.
• ③ 한국말을 정말 잘하겠어요.
• ④ 죄송합니다. 내일부터는 일찍 오겠습니다.
• ⑤ 알았어요. 새해에는 술도 끊고 담배도 끊겠어요.
• ⑥ 우와, 정말 뿌듯하겠어요.

New Words

하루 종일 all day long

술(을) 끊다 to quit drinking

3. 문장을 바르게 고치세요.

Correct the sentence.

1) 피곤해서 좀 **쉬야겠어요**.
→ 쉬어야겠어요

2) 감기에 걸려서 목이 좀 **붓은** 것 같아요.
→

3) 시장에 가면 싸고 좋은 물건을 살 수 **있는다고** 들었어요.
→

4) 저도 예쁜 한국 이름을 **지으고** 싶어요.
→

5) 민수 씨의 여자 친구가 **가수다고** 들었어요.
→

6) 아직 감기가 다 안 **나서** 집에서 쉬어야 돼요.
→

7) 하늘을 보니까 내일은 비가 **올 거겠어요**.
→

4. 다음을 읽고 질문에 답하세요.

Read the following passage and answer the questions.

한국 사람들은 어릴 때부터 "울면 호랑이가 와서 잡아간다.", "남자는 태어나서 세 번만 눈물을 보여야 된다."라는 말을 자주 들으면서 자란다. 그래서 한국 남자들은 어렸을 때부터 아무리 슬프거나 괴로워도 다른 사람들 앞에서는 절대로 눈물을 보이지 않으려고 한다. 울거나 눈물을 흘리는 것은 좋지 않은 일이고 눈물은 약한 사람이나 흘리는 것이라고 생각하기 때문이다. 하지만 울고 싶어도 울지 않고 눈물을 참으면서 사는 것이 정말 우리에게 좋은 것일까?

눈물을 흘리는 것은 절대로 나쁘거나 창피한 일이 아니다. 이 세상에서 오직 사람만이 할 수 있는 아주 자연스러운 일이다. 우리는 슬플 때만 눈물을 흘리지 않는다. 화가 나거나 몸이 많이 아플 때도 눈물을 흘린다. 눈물을 흘리면 슬픔, 스트레스, 고통 등이 눈물과 함께 몸 밖으로 나온다. 그래서 우리는 나쁜 감정을 다 잊고 다시 건강하고 행복해질 수 있다. 이것이 바로 눈물이 가진 힘이다.

1) 이 글의 제목으로 어울리는 것을 고르세요.

Choose the best title for the passage.

① 눈물의 힘　② 눈물과 슬픔　③ 눈물의 단점　④ 눈물과 스트레스

2) 맞는 것을 고르세요.

Choose the correct answer.

① 눈물을 흘리면 호랑이가 잡아간다.

② 눈물을 참으면 건강에 도움이 된다.

③ 눈물을 흘리는 것은 창피한 일이다.

④ 눈물을 흘리는 것은 자연스러운 일이다.

New Words

- 호랑이 tiger
- 잡아가다 to take
- 자라다 to grow
- 창피하다 to be embarrassing
- 오직 only
- 감정 emotion
- 단점 disadvantage

5. 두 사람은 지금 어디에서 무엇을 하고 있습니까? 잘 듣고 고르세요.

Where are the two people, and what are they doing now? Listen carefully and choose the correct answer.

WB Track 01

1) ①

②

③

④

2) ①

②

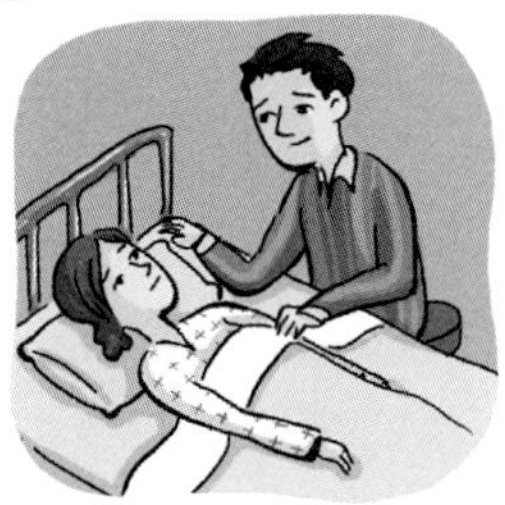

③

④

6. 남자가 하고 싶은 말은 무엇입니까? 잘 듣고 고르세요.

What does the man want to say? Listen carefully and choose the correct answer.

WB Track 02

① 힘들 때 노래를 불러 줄 친구가 필요하다.

② "힘내"라는 친구의 말이 노래보다 더 좋다.

③ 노래를 들으면 아픈 몸도 빨리 나을 수 있다.

④ 따뜻한 말처럼 노래도 큰 위로가 될 수 있다.

7. 잘 듣고 질문에 답하세요.

Listen carefully and answer the questions.

WB Track 03

1) 남자는 왜 결혼식장에 늦게 도착할 것 같다고 했습니까?

Why did the man say he might arrive late to the wedding hall?

① 길을 잘 몰라서 ② 축의금이 없어서

③ 결혼식장이 멀어서 ④ 출장을 갔다 와야 돼서

2) 맞는 것을 고르세요.

Choose the correct answer.

① 남자는 신랑을 직접 만난 적이 있다.

② 여자는 남자에게 축의금을 부탁했다.

③ 여자는 결혼식장에 가는 길을 잘 모른다.

④ 두 사람은 만나서 결혼식장에 같이 갈 것이다.

New Words

결혼식장 wedding hall

축의금 congratulatory money

신랑 groom

2 초대와 방문

Invitations and Visits

1. 알맞은 것을 연결하세요.

Match each item with the correct item.

1) 집들이 •   • ①  •   • ⓐ 

2) 돌잔치 •   • ② 

•   • ⓑ 

3) 결혼식 •   • ③  •   • ⓒ 

4) 개업식 •   • ④  •   • ⓓ 

2. 퍼즐을 완성하세요.

Complete the puzzle.

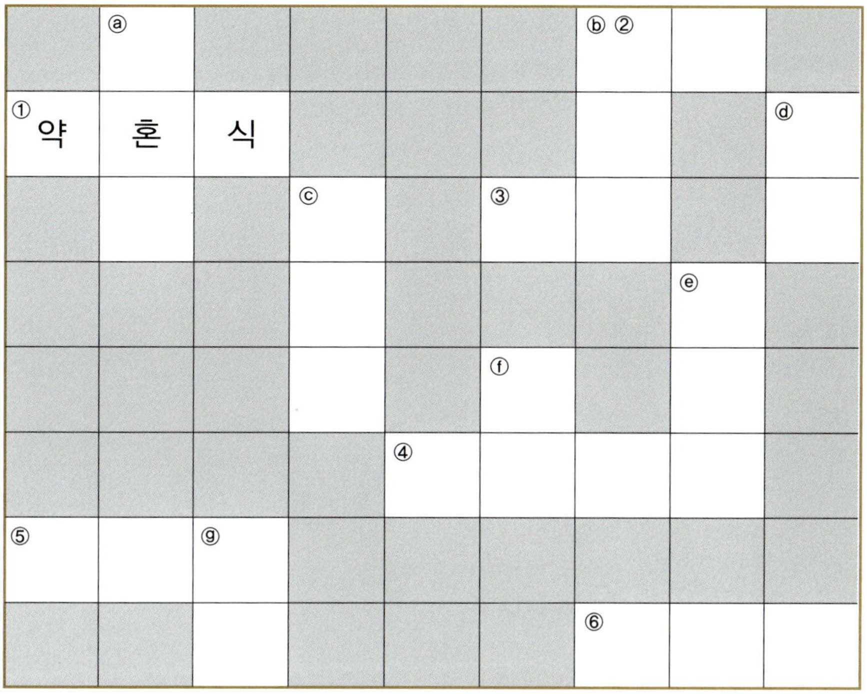

New Words

- 의식 ceremony
- 심다 to plant
- 예순한 번째 sixty-first
- 대접하다 to serve
- 부부 married couple
- 개업 opening of a business
- 옮기다 to move

가로 →

① 남자와 여자가 결혼하기로 약속하는 의식
② 꽃을 심어 놓는 그릇
③ 손가락에 끼는 동그란 물건
④ 예순한 번째 생일에 하는 잔치
⑤ 이사한 후에 사람들을 초대해서 음식을 대접하는 일
⑥ 축하하기 위해서 내는 돈

세로 ↓

ⓐ 부부가 되는 것을 알리고 축하하기 위해 하는 의식
ⓑ 휴지와 같은 말
ⓒ 개업을 알리고 축하하기 위해 하는 의식
ⓓ 빨래나 청소, 설거지를 할 때 더 깨끗하게 씻기 위해서 쓰는 것
ⓔ 아기의 첫 번째 생일잔치
ⓕ 환갑과 같은 뜻으로 예순한 살을 이르는 말
ⓖ 사는 곳을 다른 곳으로 옮기는 것

Grammar Points

1 N(이)나

'N(이)나' is used when expressing that the speaker is unsatisfied but fine with something as an alternative.

1. 그림을 보고 대화를 완성하세요.
Look at the picture and complete the conversation.

1) 

A 오늘 저녁엔 뭘 만들어 먹지?
B 짜장면이나 시켜 먹자.

2) 

A 오늘 대학로에 간다면서요?
B 네. ________________ 볼까 해서요.

3) 

A 심심한데 뭐 재미있는 일 없을까?
B 그럼 같이 ________________ 갈까?

4) 

A 시험도 끝났는데 어디 안 갈래?
B 난 집에 가서 ________________ 읽을래.

5) 

A 시간 있으면 같이 ________________ 한잔하실래요?
B 좋지요. 어디로 갈까요?

6) 

A 아빠가 피자 사 오신다고 했는데 늦으시나 봐요.
B 곧 오실 테니까 시계 그만 보고 ________________ 해.

2. 다음과 같이 이야기해 보세요.

Practice the conversation as follows.

2 아무 N도

'아무 N도' is used when expressing that nothing is particularly set. It must be followed by negative expressions such as '않다, 없다, or 못하다.'

1. 알맞은 것을 골라 대화를 완성하세요.

Choose the correct answer to complete the conversation.

아무도	아무것도	아무 데도	아무 말도	아무 데서도	아무 일도

1) A 어제 이야기한 그 책 샀어?

B 아니. 여기저기 다 가 봤는데 아무 데서도 안 팔아.

2) A 다이어트 시작했어요?

B 네. 오늘부터 저녁 식사 후에는 ________ 안 먹을 거예요.

3) A 누가 밖에 왔어?

B 아니, ________ 안 왔는데 왜?

4) A 칼리드 씨, 왜 그래요? 무슨 걱정 있어요?

B 아니요, ________ 없어요. 좀 피곤해서 그래요.

5) A 휴대폰은 찾았어?

B 아니, 아무리 찾아봐도 ________ 없어.

6) A 형이 뭐라고 했어? 어제 만난 여자가 마음에 든대?

B ________ 없었어.

2. 다음과 같이 이야기해 보세요.

Practice the conversation as follows.

주말 / 가다	아침 / 먹다	내일 / 하다
요즘 / 걱정	방학 / 계획	어제 / 무슨 일

3 V–(으)ㄴ/는 덕분에, N 덕분에

'–(으)ㄴ 덕분에' and 'N 덕분에' is used when expressing that the previous situation has a positive effect on the following situation.

1. 그림을 보고 대화를 완성하세요.

Look at the picture and complete the conversation.

1) 

A 이제 괜찮아졌어요?

B 네. 친구의 말 덕분에 큰 위로를 받았어요.

2) 

A 고마워요. ________________ 숙제를 빨리 끝냈어요.

B 그럼 커피 한잔 사 주세요.

3) 

A 아이를 키우는 일이 이렇게 힘들 줄 몰랐어.

B 하지만 힘들어도 ________________ 많이 웃잖아.

4) 

A 새로 산 ________________ 청소가 쉬워졌어요.

B 그래요? 저도 하나 사야겠어요.

5) 

A 박물관 찾기 어려웠지요?

B 아니요. 안내원이 친절하게 길을 ________________
쉽게 찾았어요.

6) 

A 교수님, 감사합니다. 추천서를 ________________
이번에 대학원에 가게 되었습니다.

B 축하해요.

New Words

키우다 to raise

안내원 information desk attendant

추천서 letter of recommendation

2. 다음과 같이 이야기해 보세요.

Practice the conversation as follows.

선생님	발음이 좋아지다
부모님	잘 지내고 있다
친구들	한국말을 잘하게 되다
선배	일을 잘 끝내다
룸메이트	한국 생활에 빨리 적응하다

New Words

적응하다 to adapt

4 V–는 길에

'–는 길에' is used when expressing that the action in the subsequent clause is done while on the way to doing an action in the antecedent clause. It is only used with verbs indicating movement such as '가다 or 오다.'

1. 알맞은 것을 골라 문장을 완성하세요.

Choose the correct answer to complete the sentence.

가다	들어가다	내려오다	출근하다	퇴근하다	갔다 오다

관악산에 1) ___가는 길에___ 친구들한테 문자 메시지를 받았어요. "오늘 유나 생일 파티에 올 거지? 7시까지 와."

그래서 산에서 2) ____________ 미나에게 주려고 예쁜 나뭇잎을 주웠어요.

그리고 일 때문에 명동에 잠깐 3) ____________ 케이크도 샀어요. 미나가 참 좋아하겠지요?

아침에 4) ____________ 여자 친구한테 문자 메시지를 받았어요. "오늘 우리 100일 기념일인 거 알지? 이따 만나."

그래서 점심 먹고 나서 회사에 다시 5) ____________ 선물을 샀어요.

그리고 일 끝나고 회사에서 6) ____________ 꽃도 샀어요. 여자 친구가 참 좋아하겠지요?

New Words

나뭇잎 tree leaf

기념일 anniversary

2. 다음과 같이 이야기해 보세요.

Practice the conversation as follows.

가다	들어가다
퇴근하다	갔다 오다

Comprehensive Review

1. 알맞은 것을 골라 대화를 완성하세요.
Choose the correct answer to complete the conversation.

N(이)나	아무 N도	V-(으)ㄴ/는 덕분에	V-는 길에

1) A 무슨 소리 못 들었어?
   B 아니. 난 아무 소리도 못 들었는데 왜?

2) A 지금 나갈 거야?
   B 응. 친구와 약속이 있어.
   A 그럼 ______________ 이 편지 좀 부쳐 줘.

3) A 의사 선생님, 정말 감사합니다.
   선생님께서 잘 ______________ 아버지께서 다 나으셨어요.
   B 이제 ______________ 없을 테니까 걱정하지 마세요.

4) A 소영 씨, 화요일에 시간 있어요?
   B 16일요? 그날은 ______________ 없어요.
   A 그럼 우리 화요일 저녁에 만나서 ______________ 한잔할래요?
   B 좋지요. 몇 시쯤 만날까요?

5) A 에밀리, 오늘 뭐 할 거야?
   B 오늘은 ______________ 안 할 거야.
   A 그럼 ______________ 안 나갈 거야?
   B 응. 집에서 ______________ 보면서 좀 쉴 거야. 못 본 드라마가 많거든.

2. 알맞은 것을 골라 대화를 완성하세요.

Choose the correct answer to complete the conversation.

아무 말도	아무 대답도	아무것도
아무 데도	아무 도움도	아무 일도

엄마: 요즘 저희 딸이 조금 이상한 것 같아서 상담을 받으러 왔어요. 성격이 밝고 활발한 아이였는데 요즘엔 말이 없어졌어요. 집에 오면 1) 아무 말도 안 하고 혼자 있으려고만 해요. 무슨 일이 있었는지 물어봐도 2) ________________ 없어요. 주말에도 3) ________________ 안 가고 집에만 있어요. 게다가 4) ________________ 먹지 않으려고 해서 건강까지 나빠질 것 같아서 걱정이에요. 도와주고 싶은데 제가 딸에게 5) ________________ 되지 않는 것 같아서 마음이 아파요.

상담 선생님: 너무 걱정하지 마세요. 얘기를 들어 보니까 지금이 사춘기인 것 같은데 시간이 지나면 6) ________________ 없었던 것처럼 다시 밝아질 겁니다.

New Words

- 상담 consultation
- 게다가 in addition
- 사춘기 puberty

3. 다음을 읽고 질문에 답하세요.

Read the following passage and answer the questions.

<나도 화가!> 2차 이벤트

안녕하세요? 지난달부터 한국백화점에서는 〈나도 화가!〉 체험 전시회가 열리고 있습니다. 여러분의 많은 관심 덕분에 방문객 수가 1,000명을 넘어서 이번에 2차 온라인 이벤트를 열게 되었습니다. 아래 퀴즈의 정답을 써서 이메일로 보내 주시면 지난 1차 이벤트 때처럼 체험 전시회 무료 초대권을 10분께 보내 드릴 예정입니다. 많은 참여 부탁드립니다.

퀴즈

〈나도 화가!〉는 안내원의 설명을 들으면서 그림을 구경한 후 작가와 함께 간단한 그림을 그려 보는 체험 □□□다.

* 정답, 성명, 연락처를 써서 이번 주 수요일 오후 6시까지 artist@artist.com으로 보내 주시면 됩니다.
* 전시회에 오시면 다른 이벤트도 많이 준비되어 있습니다. 이메일로 이벤트에 참여하기 어려운 분들은 직접 오셔서 여러 가지 다양한 이벤트를 즐겨 보세요.

1) 퀴즈의 정답은 무엇입니까? 빈칸에 알맞은 답을 쓰세요.

What is the correct answer for the quiz? Fill in the blanks.

체험 □ □ □

2) 맞는 것을 고르세요.

Choose the correct answer.

① 무료 초대권을 받은 사람은 아직 아무도 없다.

② 작가의 설명을 들으면서 전시회를 구경할 수 있다.

③ 전시회를 방문하면 다른 여러 이벤트에도 참여할 수 있다.

④ 온라인 이벤트에 참여하려면 정답만 써서 이메일로 보내면 된다.

New Words

2차 second(-round)
체험 experience
방문객 visitor
정답 correct answer
초대권 invitation (card)
참여 participation

4. 남자는 어디에 초대를 받았습니까? 잘 듣고 고르세요.

Where was the man invited? Listen carefully and choose the correct answer.

WB Track 04

1) ① 결혼식 ② 환갑잔치 ③ 집들이 ④ 칠순 잔치

2) ① 집들이 ② 돌잔치 ③ 결혼식 ④ 개업식

5. 맞지 않는 것을 고르세요.

Choose the incorrect answer.

WB Track 05

① 꽃과 카드를 같이 보낼 수 있다.

② 배달하려면 직접 가서 꽃을 사야 된다.

③ 꽃을 선물하고 싶으면 전화만 하면 된다.

④ 케이크와 와인을 보내려면 돈을 더 내야 된다.

6. 잘 듣고 질문에 답하세요.

Listen carefully and answer the questions.

WB Track 06

1) 남자가 사연을 보낸 이유는 무엇입니까?

Why did the man send his story to the radio program?

① 감사의 마음을 전하려고

② 한국으로 돌아가게 되어서

③ 친구들과 헤어지는 것이 슬퍼서

④ 대학원 공부를 끝낸 것이 자랑스러워서

New Words

배달하다 to deliver

사연 story

2) 맞는 것을 고르세요.

Choose the correct answer.

① 정우 덕분에 한국어를 재미있게 배울 수 있었다.

② 고향으로 돌아간 후에 감사의 마음을 전할 것이다.

③ 나의 첫 번째 한국어 선생님은 기숙사 룸메이트였다.

④ 식당 아주머니와 아저씨 덕분에 학교 가는 길이 즐거웠다.

3 건강과 운동

Health and Exercise

Vocabulary

1. 알맞은 것을 골라 대화를 완성하세요.

Choose the correct answer to complete the conversation.

뻐근하다	시큰거리다	심하다	어지럽다	결리다	무겁다

1) A 어제 무거운 걸 좀 오랫동안 들고 다녀서 팔이 <u>뻐근해요</u>.

   B 그럼 잠깐 차 한 잔 마시면서 쉴까요?

2) A 아직도 머리가 아파요?

   B 네. 두통이 ____________________ 아까 약을 먹었는데 빨리 안 낫네요.

3) A 주말에 롯데월드에 갈래?

   B 글쎄. 난 롤러코스터 같은 거 타면 ____________________ 별로 안 좋아하거든.

4) A 오늘 저녁에 같이 영화 보러 갈 거지요?

   B 미안한데 오늘은 눈이 ____________________ 좀 쉬어야겠어요.

5) A 누가 위에서 누르는 것처럼 몸이 너무 ____________________ 나 먼저 가도 될까?

   B 알겠어. 집에 가서 푹 쉬고 내일 보자.

6) A 어깨가 ____________________ 병원에 갔다 왔는데 컴퓨터를 너무 오래 해서 그렇대요.

   B 저도 컴퓨터로 일을 많이 하는데 조심해야겠네요.

2. 알맞은 것을 골라 문장을 완성하세요.

Choose the correct answer to complete the sentence.

당기다	숙이다	펴다	벌리다	굽히다

오늘은 저와 함께 집이나 사무실에서 간단하게 할 수 있는 스트레칭 방법에 대해 배워 보겠습니다.

먼저 의자에 허리를 1) <u>펴고</u> 앉으세요.

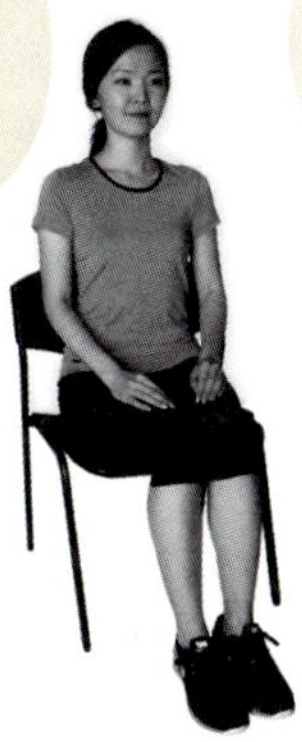

오른쪽 무릎을 2) __________ 두 손으로 잡으세요.

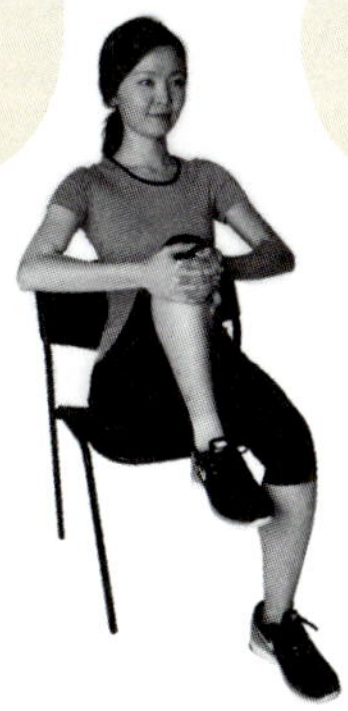

다리를 가슴 쪽으로 10초 동안 3) __________. 왼쪽도 같은 방법으로 해 주세요.

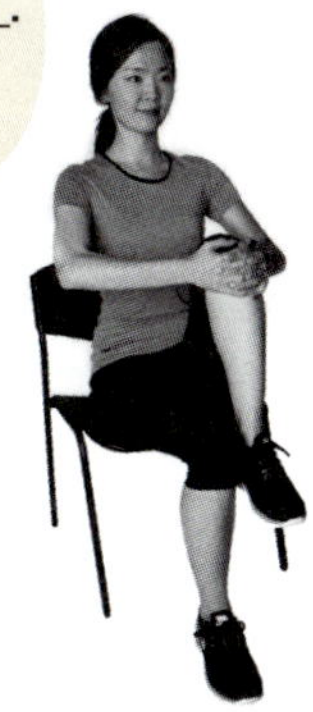

그다음에 다리를 조금 넓게 4) __________.

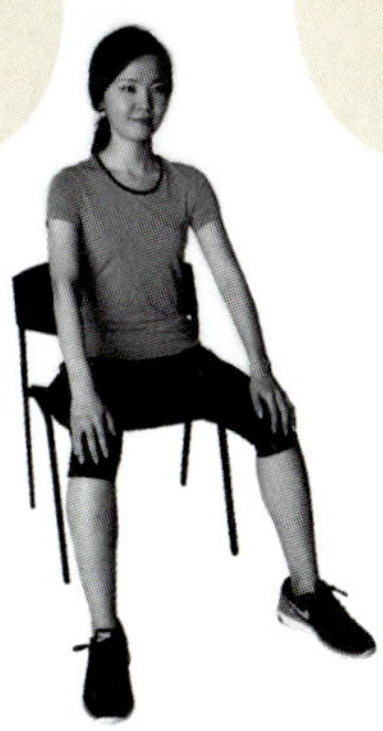

몸을 앞으로 천천히 5) __________ 후 10초 동안 기다리세요.

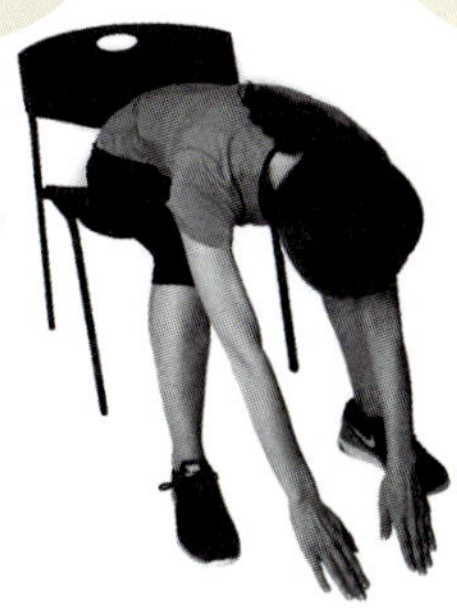

다시 허리를 펴고 앉으세요.

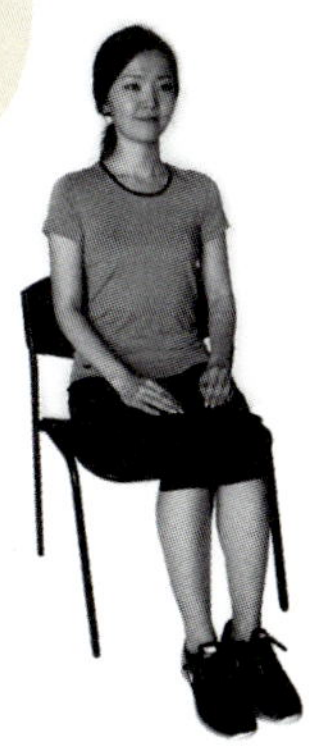

Grammar Points

1 V–기 위해(서)

'–기 위해(서)' is used when expressing the intention or purpose of an action.

1. 알맞은 것을 골라 문장을 완성하세요.
Choose the correct answer to complete the sentence.

건강	취직	아이들	환경 보호

1) ___건강을 위해___ 보양식을 챙겨 먹는 사람들이 많아요.
2) ________________ 더 넓은 집으로 이사하고 싶어요.
3) ________________ 외국어를 배우고 있어요.
4) ________________ 종이컵 사용을 줄입시다.

2. 알맞은 것을 골라 문장을 완성하세요.
Choose the correct answer to complete the sentence.

한국어를 배우다	컴퓨터를 고치다	유럽으로 여행을 가다
회사에 지각하지 않다	합격하다	가수가 되다

1) ___합격하기 위해서___ 열심히 공부하고 있어요.
2) ________________ 여권을 만들었어요.
3) ________________ 서비스 센터에 전화했어요.
4) ________________ 언어교육원에 등록했어요.
5) ________________ 매일 노래 연습을 해요.
6) ________________ 알람 시계를 하나 샀어요.

New Words
환경 보호 environmental protection
줄이다 to reduce
합격하다 to pass

3. 다음과 같이 이야기해 보세요.

Practice the conversation as follows.

건강을 유지하다	한국말을 잘하다
장학금을 받다	살을 빼다
차를 사다	전기를 아끼다

2 N마다 N씩

'N마다 N씩' is used when expressing the repetition of the following noun for each of the previous noun. The following noun indicates amount or size.

1. 그림을 보고 대화를 완성하세요.

Look at the picture and complete the conversation.

1) 

A 커피를 자주 드세요?

B 네. 날마다 세 잔씩 마셔요.

2) 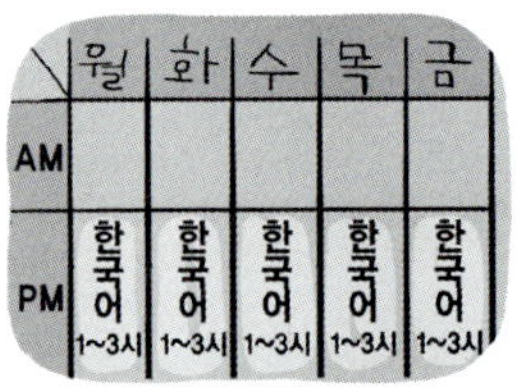

A 한국어 공부 열심히 하고 있어요?

B 그럼요. ______________ 공부해요.

3) 

A 요즘 수영을 배우죠?

B 네. ______________ 배우고 있어요.

4) 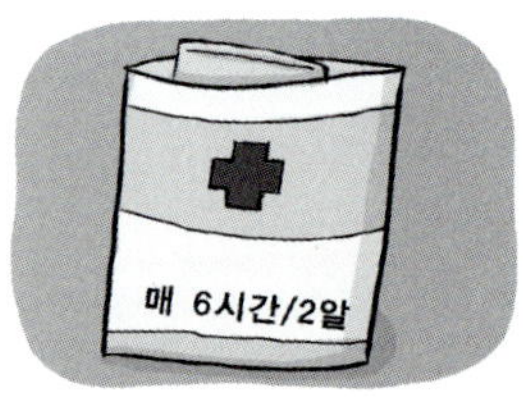

A 이 약을 어떻게 먹어야 돼요?

B ______________ 드시면 돼요.

5) 

A 박물관은 쉬는 날이 언제예요?

B ______________ 쉬어요.

6) 

A 피자가 모자라지 않을까요?

B 한 사람이 ______________ 먹을 수 있으니까 괜찮을 거예요.

New Words
모자라다 to be insufficient

2. 다음과 같이 이야기해 보세요.

Practice the conversation as follows.

건강 검진

스트레칭

물

조깅

비타민

New Words

건강 검진 health check-up

③ V–이/히/리/기/우–

'–이/히/리/기/우–' combine with certain verbs to indicate that the action of the subject is done to another person. These verbs are called causative verbs because the subject is causing something to happen to another.

1. 알맞은 것을 골라 문장을 완성하세요.
Choose the correct answer to complete the sentence.

울리다	살리다	입히다	웃기다	깨우다	먹이다

우리 형을 소개합니다!

우리 형은 어렸을 때 장난이 심해서 동네 아이들을 자주 1) 울렸지만 지금은 이야기를 재미있게 잘해서 사람들을 잘 2) ________________.

형은 항상 아침 일찍 일어나서 저를 3) ________________ 줍니다.

얼마 전에 제가 팔을 다쳐서 혼자 아무것도 할 수 없었을 때 형은 저를 위해 옷도 4) ________________ 주고 밥도 5) ________________ 주었습니다.

형은 119 구급대원인데 힘은 들지만 사람을 6) ________________ 일이 보람이 있어서 좋다고 합니다.

New Words
- 장난이 심하다 to be mischievous
- 동네 town; neighborhood
- 구급대원 paramedic
- 보람(이) 있다 to be rewarded

2. 다음과 같이 이야기해 보세요.

Practice the conversation as follows.

4 V–았다가/었다가

'–았다가/었다가' is used when expressing that after an action or event has been completed, it turns into a different action or event.

1. 그림을 보고 문장을 완성하세요.

Look at the picture and complete the sentence.

1) 

일어났다가 졸려서 다시 잤어요.

2) 

콘서트 표를 ______________ 취소했어요.

3) 

에어컨을 ______________ 추워서 다시 껐어요.

4) 

옷을 ______________ 마음에 안 들어서 바꿨어요.

5) 

게시판에 안내문을 ______________ 잘못 붙여서 뗐어요.

> **New Words**
> 졸리다 to be drowsy
> 떼다 to take off; remove

6) 

백화점에 구두를 사러 ______________ 마음에 드는 게 없어서 그냥 왔어요.

2. 다음과 같이 이야기해 보세요.

Practice the conversation as follows.

Comprehensive Review

1. 알맞은 것을 고르세요.

Choose the correct answer.

1) 

A 무슨 좋은 일 있어요?

B 아침에 출근하다가 / 출근했다가 길에서 고등학교 때 같은 반 친구를 만났거든요.

2) 

A 화면이 좀 이상해요.

B 그러면 컴퓨터를 끄다가 / 껐다가 다시 켜 보세요.

3) 

A 생선 냄새가 많이 나는데 창문 좀 열다가 / 열었다가 닫을까요?

B 그게 좋겠네요.

4) 

A 주차하다가 / 주차했다가 옆에 세워 놓은 차를 받았어요.

B 그래도 사람이 다치지 않아서 다행이에요.

5) 

A 남편이 담배를 끊다가 / 끊었다가 다시 피우기 시작해서 속상해요.

B 담배를 끊는 게 쉽지 않을 거예요.

6) 

A 소영 씨는 어디 갔어요?

B 책을 읽다가 / 읽었다가 전화를 받고 급하게 나갔어요.

New Words

차를 받다 to run into a car

2. 그림을 보고 문장을 완성하세요.

Look at the picture and complete the sentences.

1) 

어렸을 때는 엄마가 옷을 입혀 주셨어요.

하지만 지금은 혼자도 잘 입어요.

2) 

칼리드 씨는 ____________ 얘기를 참 많이 알고 있어요.

그래서 같이 있으면 ____________ 때가 많아요.

3) 

"____________ 주세요." 하고 계속 소리쳤어요.

정말 죽고 싶지 않았어요. ____________ 싶었어요.

4) 

전화를 받다가 생선을 까맣게 ____________.

생선이 너무 많이 ____________ 버려야 할 것 같아요.

5) 

바퀴벌레를 ____________ 약을 사서 냉장고 옆에 두었어요.

다음 날 보니까 바퀴벌레 한 마리가 ____________ 있었어요.

6) 

학교에 못 온 친구에게 숙제를 ____________ 주려고 전화했어요.

그런데 친구가 숙제를 벌써 ____________ 있었어요.

New Words

소리치다 to shout

바퀴벌레 cockroach

3. 다음을 읽고 질문에 답하세요.

Read the following passage and answer the questions.

답장 | 전체 답장 | 전달 | 삭제 | 스팸 신고

받는 사람 박수희〈sooheepark@korea.com〉

보내는 사람 박진희〈loveforever@wisesis.com〉

제목 Re: (제목 없음)

수희야, 언니도 수희가 많이 보고 싶었는데 네가 먼저 이메일을 보내 줘서 정말 기뻤어. 그런데 유학 생활이 힘들어서 스트레스도 받고 건강도 조금 안 좋아졌다고 하니까 걱정이 된다. 그래서 이메일을 받자마자 이렇게 편지를 쓰는 거야.

스트레스는 어떤 일을 완벽하게 하고 싶은 마음 때문에 생길 때가 많아. 너무 잘하려는 마음을 버리고 즐기면서 최선을 다해 봐. 그러면 어떤 결과도 편안한 마음으로 받아들일 수 있을 거야. 그리고 스트레스 때문에 생긴 두통도 없어질 거고.

어깨와 목이 뻐근한 건 공부하느라고 하루 종일 앉아 있어서 그런 것 같은데 날마다 30분씩 걷거나 뛰는 운동을 해 봐. 그리고 공부할 때는 항상 허리를 똑바로 펴서 앉고. 시간이 날 때마다 어깨와 목을 가볍게 돌려 주면 훨씬 더 좋아질 거야. 몸이 아프면 마음도 약해지니까 건강을 유지하기 위해서 항상 신경을 써야 돼. 밥도 꼭 챙겨 먹고.

부모님도 나도 널 많이 걱정하고 있으니까 건강에 항상 신경 쓰기 바란다. 방학 때 한국에 올 거지? 보고 싶은 우리 동생을 응원하면서 기다리고 있을게. 사랑해!

서울에서 언니가

New Words

완벽하다 to be perfect
받아들이다 to accept
똑바로 straight
응원하다 to cheer

1) 언니가 이메일을 쓴 이유는 무엇입니까?
Why did Soo-hee's sister write the email?

---

2) 맞지 않는 것을 고르세요.
Choose the incorrect answer.

① 수희는 요즘 건강이 좋지 않다.
② 수희의 두통은 스트레스 때문에 생겼다.
③ 동생의 편지를 받고 언니가 답장을 썼다.
④ 언니는 곧 동생을 보러 한국에 올 것이다.

4. 잘 듣고 맞는 것을 고르세요.
Listen carefully and choose the correct answer.

WB Track 07

① 여자는 고양이를 키워 봤다.
② 여자는 다음 주에 중국에 가야 한다.
③ 남자는 여자에게 고양이를 맡기려고 한다.
④ 남자는 여자가 먹을 음식을 준비할 것이다.

New Words
답장 reply

5. 잘 듣고 해야 되는 것에는 O, 하면 안 되는 것에는 X 하세요.

Listen carefully and mark O for what she should do and X for what she should not.

WB Track 08

① 

(　　)

② 

(　　)

③ 

(　　)

④ 

(　　)

⑤ 

(　　)

⑥ 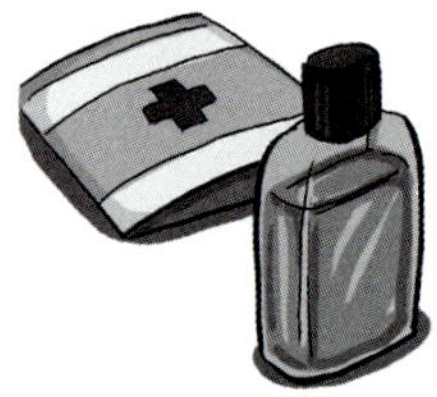

(　　)

6. 잘 듣고 질문에 답하세요.

Listen carefully and answer the questions.

WB Track 09

1) 무엇에 대한 광고입니까?

What is the advertisement about?

① 수영복　　② 운동 기구　　③ 다이어트 약　　④ 스포츠 센터

2) 맞는 것을 고르세요.

Choose the correct answer.

① 이것은 매진이 돼서 살 수 없다.

② 이것은 날씬한 사람에게 필요하다.

③ 이것이 있으면 편하게 운동할 수 있다.

④ 이것은 한 달 후에 백화점에서 살 수 있다.

New Words

운동 기구 sports equipment

매진(이) 되다 to be sold out

날씬하다 to be slim

4 추억과 경험

Memories and Experiences

Vocabulary

1. 알맞은 것을 골라 대화를 완성하세요.
Choose the correct answer to complete the conversation.

그립다	아쉽다	정(이) 들다	인상적이다	기억에 남다	후회가 되다

1) A 이번 제주도 여행 어땠어요?
   B 한라산의 경치가 참 인상적이었어요.

2) A 한국에서 혼자 사니까 고향 생각이 많이 나지요?
   B 네. 특히 몸이 아플 때 고향이 많이 ____________.

3) A 얼굴이 왜 그렇게 부었어요?
   B 어젯밤에 라면을 먹고 자서 그래요. 지금 거울을 보니까 정말 ____________.

4) A 한국 생활에서 뭐가 가장 ____________?
   B 한국 친구 집에 가서 같이 김치를 만들었던 일요. 정말 재미있었거든요.

5) A 내일이 졸업식인데 기분이 어때요?
   B ____________ 학교를 떠나려고 하니까 기분이 좀 이상해요.

6) A 여행은 즐거웠어요?
   B 네. 그런데 기간이 좀 짧아서 ____________.
   나중에 시간이 되면 한번 더 가야겠어요.

New Words
경치 scenery
거울 mirror

2. 알맞은 것을 고르세요.

Choose the correct answer.

1) A 무슨 생각을 그렇게 해?

B [(수학여행) / 신혼여행] 때 찍었던 사진을 보니까 학교 다닐 때가 생각나서.

2) A 소영 씨 동생이 우리 회사 [공무원 / 신입사원] 이라면서요?

B 네, 이번에 입사했다고 들었어요.

3) A 배고픈데 같이 [매점 / 서점] 에 갈래?

B 곧 수업이 시작되니까 다음 쉬는 시간에 가자.

4) A 이제 [수업 / 근무] 시간에는 거래처 사람들과도 채팅을 할 수 없대요.

B 저도 그 얘기 들었어요. 앞으로 좀 불편할 것 같아요.

5) A 나는 학창 시절 선생님들 중에서 중학교 3학년 때 [담임 선생님 / 동창] 이 제일 기억에 남아.

B 그래? 나도 박 선생님 소식이 궁금했는데 선생님께 전화해 볼까?

6) A 2학년이 되니까 좋지?

B 응. 귀여운 1학년 [선배 / 후배] 가 생겨서 좋아.

New Words

입사하다 to enter a company

거래처 client

Grammar Points

1 A/V-더니 ①

'-더니' is used when expressing that the fact the speaker learned from experience is the reason for the result in the latter part of the sentence. The subject cannot be first person.

1. 알맞은 것을 골라 대화를 완성하세요.

Choose the correct answer to complete the conversation.

다니다	고생하다	통화하다	그만두다	꼼꼼하다	알아보다

1) A 레이 씨가 안 보이네요. 어디 갔어요?
   B 며칠 전부터 비행기 요금을 알아보더니 여행 간 것 같아요.

2) A 유나 씨가 유학을 간다면서요?
   B 네. 갑자기 다니던 회사를 ________ 영국으로 유학을 가겠대요.

3) A 칼리드 씨는 요즘 어떻게 지내는지 알아요?
   B 방학 때마다 여행을 자주 ________ 여행사에 취직했대요.

4) A 우빈 씨는 아이스크림을 안 먹겠대요.
   B 배탈이 나서 며칠 동안 ________ 조심하는 것 같아요.

5) A 김 대리한테 무슨 일 있어요?
   B 글쎄요. 조금 전에 부장님과 ________ 계속 기분이 안 좋아 보여요.

6) A 준호 소식 들었어?
   B 응. 어렸을 때부터 성격이 ________ 회계사가 되었대.

New Words
배탈(이) 나다 to have a stomachache
회계사 accountant

2. 다음과 같이 이야기해 보세요.

Practice the conversation as follows.

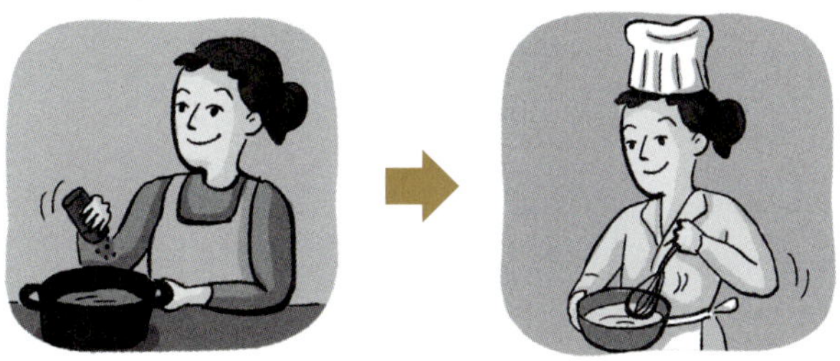

수지

민수

준호

마크

② V–곤 하다

'–곤 하다' is used when expressing the repetition of a situation or habitual past action.

1. 그림을 보고 문장을 완성하세요.

Look at the picture and complete the sentence.

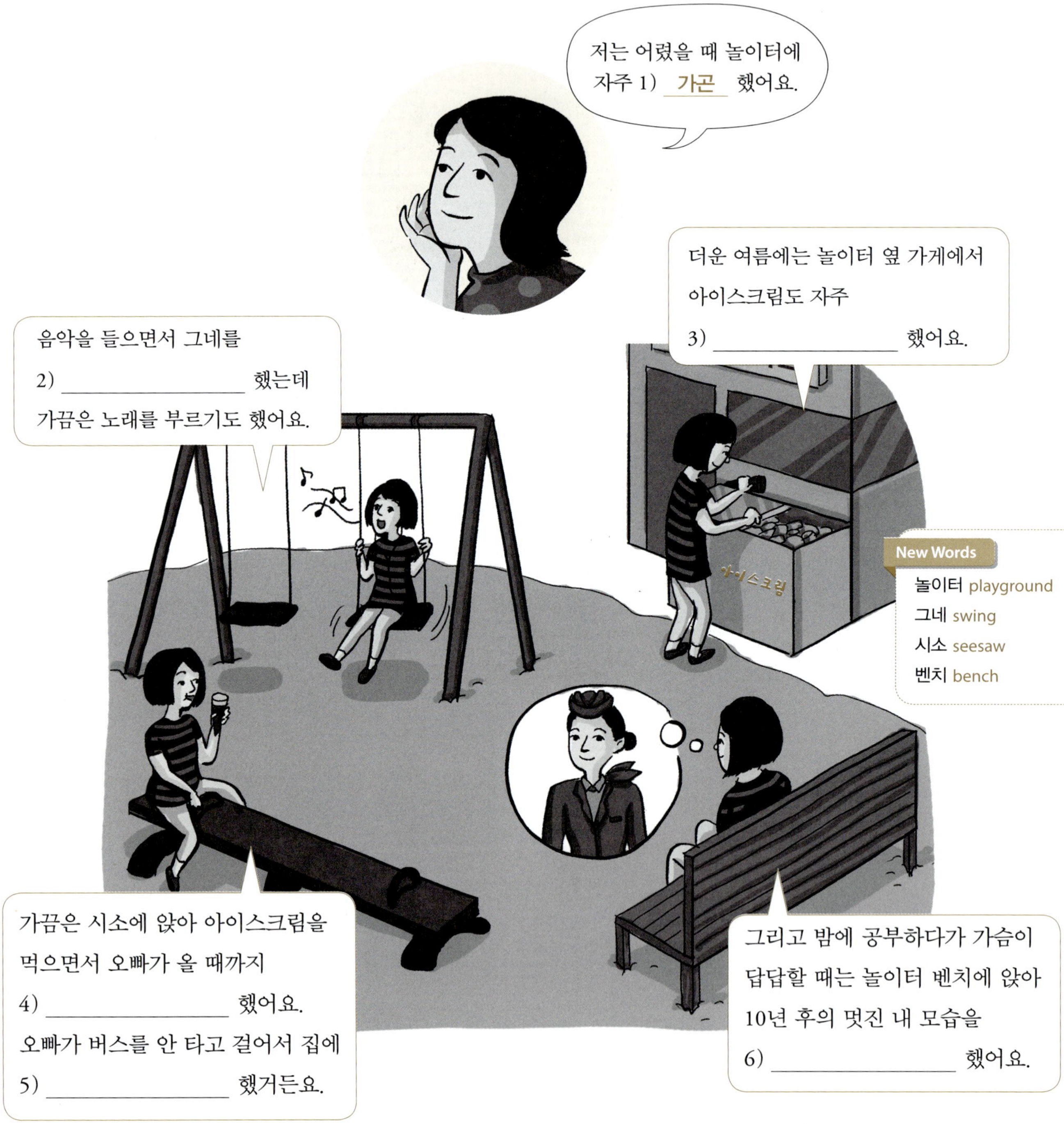

New Words
- 놀이터 playground
- 그네 swing
- 시소 seesaw
- 벤치 bench

2. 다음과 같이 이야기해 보세요.

Practice the conversation as follows.

3 A–아하다/어하다

'–아하다' is used when observing a subject and expressing objectively the state of that subject.

1. 대화를 완성하세요.

Complete the conversation.

1) A 말하기 시험이 어려웠어요, 쓰기 시험이 어려웠어요?

   B 저는 쓰기 시험이 어려웠는데 친구들은 말하기 시험을 어려워했어요 .

2) A 그동안 고생 많았는데 이번에 상을 받게 돼서 정말 기쁘겠어요.

   B 네, 부모님도 많이 ____________________.

3) A 안 좋은 소식을 들어서 슬펐겠어요.

   B 네, 저도 그렇고 친구들도 무척 ____________________.

4) A 회사 직원들이 피곤해 보여요.

   B 네. 일이 많아서 늦게까지 일하느라고 모두 ____________________.

5) A 집이 시원한데 에어컨은 왜 켰어요?

   B 동생이 너무 ____________________ 켰어요.

6) A 왜 그렇게 빵을 많이 샀어요?

   B 조카들이 ____________________ 좀 많이 샀어요.

New Words

무척 very

2. 다음과 같이 말해 보세요.

Speak as follows.

아버지 / 힘들다

민수 / 행복하다

아이 / 기쁘다

친구 / 미안하다

동생 / 괴롭다

할머니 / 고맙다

4 A–(으)ㄴ 척하다, V–는 척하다, N인 척하다

'–(으)ㄴ 척하다' is used when expressing that a state or situation is false but appears true by the action of the person in that state or situation.

1. 그림을 보고 대화를 완성하세요.

Look at the picture and complete the conversation.

1) 

A 여자 친구가 만든 음식이 맛있었어요?

B 아니요. 하지만 맛있는 척했어요 .

2) 

A 친구에게 돈을 빌려 줬어요?

B 아니요. 그냥 돈이 ____________________.

3) 

A 너도 그 소식을 들어서 알고 있었지?

B 응. 하지만 ____________________.

4) 

A 친구가 준 선물이 마음에 들었어요?

B 아니요. 하지만 친구한테는 ____________________.

5) 

A 에밀리 씨가 준호 씨를 좋아하지요?

B 네. 하지만 에밀리 씨는 준호 씨 앞에서는 ____________________.

6) 

A 어제 본 영화 무서웠지요?

B 네. 하지만 여자 친구가 옆에 있어서 ____________________.

2. 다음과 같이 이야기해 보세요.

Practice the conversation as follows.

파티	재미있다
시험	잘 보다
면접	안 떨리다
등산	안 힘들다
선물	마음에 들다

New Words

떨리다 to be nervous

Comprehensive Review

1. 알맞은 것을 연결하세요.

Match each item with the correct item.

1) 과장으로 승진했다면서요? •	• ① 함께 찍은 사진을 보곤 해요.
2) 소개 받은 남자가 어땠어요? •	• ② 네. 그래서 아내도 좋아해요.
3) 민수 씨가 선물 준비한 걸 알고 있었어요? •	• ③ 네. 아침부터 날씨가 흐리더니 비가 오네요.
4) 부모님이 보고 싶으면 어떻게 해요? •	• ④ 네. 하지만 모르는 척했어요.
5) 지금 밖에 비가 와요? •	• ⑤ 별로였지만 마음에 드는 척했어요.

2. 알맞은 것을 고르세요.

Choose the correct answer.

우리 집에는 강아지가 한 마리 있습니다. 강아지의 이름은 백구인데 아주 1) **귀엽습니다 / 귀여워합니다.** 그래서 우리 가족은 모두 백구를 2) **좋습니다 / 좋아합니다.** 하지만 백구가 짖으면 동생은 아주 3) **무섭습니다 / 무서워합니다.** 백구를 씻기는 일은 보통 형이 하는데 요즘 형은 회사 일 때문에 많이 4) **피곤합니다 / 피곤해합니다.** 백구를 씻기는 일은 조금 5) **귀찮은 / 귀찮아하는** 일이지만 형을 위해서 오늘은 제가 하려고 합니다.

New Words

짖다 to bark

3. 알맞은 것을 고르세요.

Choose the correct answer.

1) 날마다 새벽에 일어나서 [☑ 공부하더니 / ☐ 공부하느라고] 이번 시험에서 1등을 했어요.

2) 동생이 대학생이 되더니 많이 [☐ 예뻐했어요. / ☐ 예뻐졌어요.]

3) 어제 밥을 먹고 나서 [☐ 계산하다가 / ☐ 계산하려고] 휴대폰을 잃어버린 것 같아요.

4) 전기를 [☐ 아끼려고 / ☐ 아끼려면] 에어컨보다 선풍기를 사용하는 게 좋습니다.

5) 그 문제를 이해할 수 없었지만 창피해서 [☐ 알곤 했어요. / ☐ 아는 척했어요.]

6) 옛날에는 가족들과 놀이 공원에 자주 [☐ 갈 뻔했는데 / ☐ 가곤 했는데] 그때가 그립네요.

7) 며칠 전부터 어깨가 [☐ 뻐근하다가 / ☐ 뻐근하더니] 오늘은 팔을 위로 들 수가 없어요.

New Words

새벽 dawn
선풍기 electric fan

4. 다음을 읽고 질문에 답하세요.

Read the following passage and answer the questions.

서울교육박물관 특별 전시회

1960년대 학교 교실의 모습은 어땠을까? 추억의 학창 시절을 회상해 볼 수 있는 전시회가 요즘 인기를 끌고 있다. 지금은 볼 수 없는 나무로 만든 책상과 의자, 까만 칠판과 하얀 분필, 교실 가운데 놓여 있는 난로와 그 위에 올려진 도시락이 그립다면 서울교육박물관에 가 보자.

지금 서울교육박물관에서는 60년대 학교 교실의 모습을 똑같이 만들어 놓은 특별 전시회 '　　　　　'이/가 열리고 있다. 그 시절 사용하던 책과 공책, 가방, 교복 등도 함께 전시되어 있어 학창 시절을 떠올리며 회상에 잠기게 한다.

그 시절 까만 교복을 입고 학교에 다니던 소년과 소녀는 이제 중·고등학교에 다니는 아들과 딸이 있는 아저씨, 아주머니가 되었지만 이 전시회를 구경하는 동안에는 다시 교실에서 즐겁게 공부하던 소년과 소녀로 돌아가는 ㉠ 과거로의 시간 여행을 할 수 있다. 어른들만 즐거운 것은 아니다. 부모님과 같이 전시회에 온 아이들은 처음 보는 물건들을 구경하면서 즐거운 시간을 보낼 수 있을 것이다.

서울교육박물관장은 "우리 박물관에서 특별히 마련한 이 전시회가 어른들에게는 추억을 회상할 수 있는 시간이, 학생들에게는 배움의 시간이 될 수 있었으면 좋겠다."고 말했다. 추억을 만날 수 있는 이 전시회는 서울교육박물관에서 7월 30일까지 열린다.

대한신문 이정우 기자
LJW@knews.co.kr

New Words

- 회상 recollection
- 인기를 끌다 to gain popularity
- 분필 chalk
- 난로 heater
- 시절 time in one's life
- 소년 boy
- 소녀 girl
- 열리다 to be held

1) '________'에 들어갈 전시회의 제목으로 어울리는 것을 고르세요.
Choose the best title for the exhibition to fill in the blank.

① 소년과 소녀　② 1960년대의 교복　③ 서울교육박물관　④ 추억의 학창 시절

2) ㉠ '과거로의 시간 여행을 할 수 있다'가 의미하는 것은 무엇입니까?
What does ㉠ '과거로의 시간 여행을 할 수 있다' mean?

① 과거로 갈 수 있다.

② 전시회를 구경할 수 있다.

③ 학창 시절을 추억할 수 있다.

④ 소년 소녀로 돌아갈 수 있다.

5. 지금 무엇을 하고 있습니까? 잘 듣고 고르세요.

What are they doing now? Listen carefully and choose the correct answer.

WB Track 10

1) ①  ②  ③  ④ 

2) ①  ②  ③  ④ 

6. 잘 듣고 누구의 추억인지 고르세요.

Listen carefully and choose whose memory is stated.

WB Track 11

	남	여
1) 일이 끝난 후에 한강에서 자전거를 타곤 했다.	□	□
2) 자전거를 타다가 나무에 부딪혀서 다친 적이 있다.	□	□
3) 도시락을 준비해서 친구들과 같이 한강으로 소풍을 갔다.	□	□
4) 한강에서 뛰다가 자전거를 타는 사람과 부딪힌 적이 있다.	□	□

7. 잘 듣고 질문에 답하세요.

Listen carefully and answer the questions.

WB Track 12

1) 두 사람은 어떤 관계입니까?

What kind of relationship do the two people have?

① 남편-아내 ② 선배-후배 ③ 아버지-딸 ④ 오빠-여동생

2) 맞는 것을 고르세요.

Choose the correct answer.

① 남자는 인형에 대한 기억이 없다.

② 남자는 요즘 여자에게 섭섭한 마음이 있었다.

③ 여자는 이불 속에서 노래 부르는 것을 좋아했다.

④ 여자는 어렸을 때 천둥을 안 무서워하는 척했다.

New Words

뛰다 to run
이불 blanket
천둥 thunder

5 날씨와 기후

Weather and Climate

Vocabulary

1. 알맞은 것을 연결하세요.

Match each item with the correct item.

1)  2)  3) 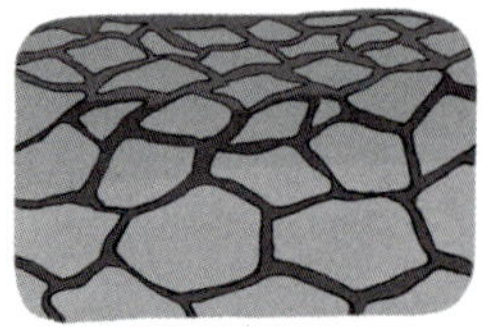 4) 

① 태풍 ② 홍수 ③ 안개 ④ 가뭄

ⓐ 끼다 ⓑ 오다 ⓒ 나다 ⓓ 들다

2. 알맞은 것을 골라 대화를 완성하세요.

Choose the correct answer to complete the conversation.

끼다	그치다	습하다
건조하다	시작되다	내려가다

1) A 한국은 보통 언제 장마가 시작돼요 ?

B 6월 말쯤요.

2) A 아까 내가 학교에 올 때는 비가 왔는데 지금도 와?

B 아니. 지금은 ____________.

3) A 기분이 안 좋아 보이는데 짜증 나는 일 있었어요?

B 그냥 날씨가 너무 덥고 ____________ 자꾸 짜증이 나네요.

4) A 너무 춥다. 빨리 집에 가자.

B 일기 예보를 봤는데 내일은 기온이 영하로 ____________.

5) A 오늘도 날씨가 너무 좋네요.

B 그런데 오랫동안 비가 안 와서 요즘 너무 ____________.

6) A 곧 비가 올 것 같아. 하늘에 구름이 많이 ____________.

B 그래? 그럼 우산을 가지고 나가야겠다.

Grammar Points

1 V–이/히/리/기–

'–이/히/리/기–' combine with certain verbs when expressing that an action is enacted by an agent who is not the sentence subject. These verbs are called passive verbs because the subject is not doing the action, but is instead receiving the action of the verb.

1. 알맞은 것을 골라 대화를 완성하세요.

Choose the correct answer to complete the conversation.

끊기다	닫히다	들리다	보이다	잡히다	팔리다

1) A 밖에 무슨 소리 안 들려요 ?

   B 글쎄요. 저는 아무것도 못 들었는데요.

2) A 문이 잘 안 ______________ 어떡하죠?

   B 잠깐만요. 내가 도와줄게요.

3) A 미국으로 유학 간 소영 씨는 요즘 어떻게 지내요?

   B 소영 씨하고 얼마 전부터 연락이 ______________ 저도 잘 모르겠어요.

4) A 아저씨, 요즘은 어떤 과일이 잘 ______________?

   B 여름이라서 사람들이 수박을 많이 사 가요. 하나 드릴까요?

5) A 경찰이 도둑을 잡았대요?

   B 아니요. 아직 안 ______________.

6) A 저기 ______________ 건물이 뭐예요?

   B 새로 생긴 쇼핑몰인데 물건도 다양하고 좋아요. 한번 가 보세요.

New Words
유학(을) 가다 to go abroad to study

2. 다음과 같이 이야기해 보세요.

Practice the conversation as follows.

사무실 / 뭐 / 보다	길 / 언제 / 막다	밖 / 무슨 소리 / 듣다
지하철 / 몇 시 / 끊다	책상 위 / 뭐 / 놓다	벽 / 뭐 / 걸다

2 A/V–더니②

'–더니' is used when expressing a new fact or situation that differs from that which was learned from previous experience. It is often followed by a fact that contrasts the previous content.

1. 그림을 보고 대화를 완성하세요.

Look at the picture and complete the conversation.

1) 

A 식당에 사람이 많아요?

B 아뇨. 아까는 사람이 많더니 지금은 별로 없네요.

2) 

A 올해도 황사가 심해요?

B 아뇨. 작년에는 ____________________ 올해는 괜찮네요.

3) 

A 항상 늦게까지 ____________________ 오늘은 왜 안 해?

B 나도 오늘부터 공부 좀 하려고.

4) 

A 요즘 에어컨 가격이 어떻게 돼요?

B 여름에는 ____________________ 최근에는 많이 싸졌어요.

5) 

A 소영 씨 동생은 어렸을 때도 키가 컸어요?

B 아뇨. 어렸을 때는 키가 ____________________ 고등학교 때 갑자기 키가 많이 컸어요.

6) 

A 요즘 할머니 건강은 어떠세요?

B 전에는 ____________________ 요즘은 좀 편찮으세요.

2. 다음과 같이 이야기해 보세요.

Practice the conversation as follows.

3 A/V–(으)ㄹ 텐데

'–(으)ㄹ 텐데' is used when expressing the speaker's bold conjecture about a certain future matter or situation, and is used when the content of the subsequent clause is based on the conjecture of the antecedent clause.

1. 알맞은 것을 골라 대화를 완성하세요.

Choose the correct answer to complete the conversation.

일하기 불편하다	결과를 기다리고 있다	비용이 꽤 많이 들다
다음 주부터 엄청 덥다	차로 데려다 주다	또 떨어져서 많이 힘들어하다

1) A 장마가 끝나서 다음 주부터 엄청 더울 텐데 걱정이에요.
   B 저도 더위를 잘 못 참는데 걱정이에요.

2) A 비가 너무 많이 와서 우산을 써도 다 젖을 것 같아요.
   B 민수 씨한테 부탁하면 ______________ 전화해 볼까요?

3) A 여기 좀 봐. 칼리드가 낸 사진이 우수상을 받았어.
   B 칼리드도 ______________ 빨리 전화해서 알려 주자.

4) A 저는 세계 여행을 하는 게 꿈이에요.
   B 세계 여행을 하려면 ______________ 열심히 돈을 모아야겠네요.

5) A 김 대리가 거래처 가면서 휴대폰을 놓고 나갔네요.
   B 방금 나갔지요? 휴대폰이 없으면 ______________ 갖다 주고 올게요.

6) A 에밀리가 운전면허 시험을 봤다면서? 이번에는 붙었어?
   B 아니. ______________ 에밀리 만나면 너도 위로 좀 해 줘.

New Words

비용 expense
꽤 quite
(시험에) 떨어지다 to fail (an exam)
우수상 excellence award
(시험에) 붙다 to pass (an exam)
운전면허 driver's license

2. 다음과 같이 이야기해 보세요.

Practice the conversation as follows.

4 A/V–(으)ㄹ까 봐

'–(으)ㄹ까 봐' is used when expressing that the speaker worries in advance about the content in the previous clause, and accordingly, takes a certain action in the subsequent clause.

1. 그림을 보고 문장을 완성하세요

Look at the picture and complete the sentence.

1) 

내일부터 출근하는데 아침에 늦잠을 잘까 봐 알람 시계를 2개 샀어요.

2) 

길이 미끄러워서 ____________________ 천천히 걸었어요.

3) 

산에 올라가면 ____________________ 긴팔 옷을 준비했어요.

4) 

아이한테 ____________________ 상자를 다른 곳으로 옮겼어요.

New Words

긴팔 long-sleeves
상자 box

5) 

운전해서 부산에 가야되는데 길을 ____________________ 친구한테 내비게이션을 빌렸어요.

6) 

공항에 늦게 도착해서 비행기를 ____________________ 걱정이에요.

2. 다음과 같이 이야기해 보세요.

Practice the conversation as follows.

벌써 나가다	길이 막히다
뛰어가다	지하철을 놓치다
옷을 많이 입다	감기에 걸리다
커피를 안 마시다	밤에 잠이 안 오다
케이크를 안 먹다	살이 찌다

Comprehensive Review

1. 공통으로 들어갈 단어를 골라 문장을 완성하세요.

Choose a common word to complete the sentences.

나다	크다	들다	오다	끼다	심하다

1) 심하다
① 마크 씨는 감기가 심해서 결석했어요.
② 요즘은 황사가 심해서 마스크를 쓰고 다니는 것이 좋아요.

2)
① 열이 많이 ___________ 병원에 가야 할 것 같아요.
② 비가 너무 많이 와서 홍수가 ___________ 것 같아요.

3)
① 구름이 많이 ___________ 걸 보니 곧 비가 내리겠어요.
② 선글라스를 ___________ 젊어 보이고 좋은데요.

4)
① 작년 여름에는 비가 너무 많이 와서 걱정이더니 올해는 가뭄이 ___________ 걱정이네요.
② 물건값이 모두 올라서 생활비가 너무 많이 ___________.

5)
① 일기 예보를 들었는데 내일쯤 우리나라 쪽으로 태풍이 ___________ 거래요.
② 눈이 ___________ 다음 날에는 보통 때보다 길이 더 많이 막혀요.

6)
① 요즘은 아침저녁으로 일교차가 ___________ 감기 조심하세요.
② 남쪽 지방은 태풍 때문에 ___________ 피해를 입었대요.

New Words
결석하다 to be absent
피해를 입다 to be damaged

2. 알맞은 것을 모두 고르세요.

Choose all the correct answers.

1) [✓] 길이 막힐까 봐 / [ ] 길이 막힐 텐데 지하철을 타고 왔어요.

2) 밖에 날씨가 많이 [ ] 추울까 봐 / [ ] 추울 텐데 코트를 입고 가세요.

3) 휴가 기간이 장마철이라서 [ ] 비가 많이 올까 봐 / [ ] 비가 많이 올 텐데 걱정이에요.

4) 맛있는 음식이 많았지만 [ ] 살이 찔까 봐 / [ ] 살이 찔 텐데 조금만 먹었어요.

5) 요즘 꽃이 [ ] 비쌀까 봐 / [ ] 비쌀 텐데 과일을 사 갑시다.

6) 면접시험을 보러 가는데 [ ] 늦을까 봐 / [ ] 늦을 텐데 집에서 일찍 나왔어요.

7) 내가 한 말 때문에 친구가 [ ] 화가 많이 났을까 봐 / [ ] 화가 많이 났을 텐데 어떻게 하지요?

New Words

얼음이 얼다 to be frozen

8) 강추위 때문에 얼음이 얼어서 길이 많이 [ ] 미끄러울까 봐 / [ ] 미끄러울 텐데 걱정입니다.

3. 맞으면 O, 틀리면 X 하세요. 틀린 것은 바르게 고쳐 쓰세요.

Mark O if the sentence is correct and X if it is incorrect. Correct the incorrect sentences.

1) 배가 아파서 약국에 갔는데 벌써 문이 <u>닫았다</u>. (X)

→ 닫혔다

2) 폭우 때문에 길이 <u>막히는</u> 것 같다. (   )

3) 집 앞에 눈이 많이 <u>쌓여</u> 있다. (   )

4) 누가 크게 노래를 부르는 소리가 <u>들었다</u>. (   )

5) 동생이 책상 위에 책과 사전을 <u>놓여</u> 있다. (   )

6) 서울 타워에 올라가면 서울 시내가 잘 <u>보인다</u>. (   )

7) 12시가 넘으면 지하철이 <u>끊는다</u>. (   )

8) 친구의 책과 내 책이 <u>바뀐</u> 것 같다. (   )

4. 대화를 완성하세요.

Complete the conversation.

1) **A** 밖이 지금도 추워요?

B <u>아침에는 춥더니</u> 오후가 되면서 많이 따뜻해졌어요.

아침에는 추웠어요. 하지만 ……

2) **A** 에밀리 씨가 장학금을 받았다고 들었어요.

B 방학에도 놀지 않고 ____________________ 드디어 장학금을 받게 됐대요.

열심히 공부했어요. 그리고 ……

3) A 무더위 때문에 요즘 정말 공부하기 힘들지요?

B 괜찮아요. ____________________ 오늘은 좀 시원해졌어요.

어제는 정말 더웠어요. 하지만 ……

4) A 작년에도 올해처럼 반바지가 유행이었어요?

B 아니요. 작년에는 ____________________ 올해는 반바지가 유행이네요.

짧은 치마가 유행이었어요. 하지만 ……

5) A 소영 씨가 요즘 많이 날씬해졌지요?

B 네. ____________________ 대학교에 입학하고 나서 날씬해졌어요.

어렸을 때는 뚱뚱했어요. 하지만 ……

6) A 민수 씨가 여자 친구하고 싸웠어요?

B 네. ____________________ 서로 말도 안 해요.

둘이 싸웠어요. 그리고 ……

7) A 동생은 어디 갔어요?

B 아까 친구한테서 온 ____________________ 급하게 나갔어요.

전화를 받았어요. 그리고 ……

8) A 시청 앞에 지금도 사람이 많아요?

B 조금 전까지는 ____________________ 지금은 다 집에 간 것 같아요. 축구 경기가 끝났잖아요.

사람이 많았어요. 하지만 ……

New Words

반바지 shorts

축구 경기 soccer match

5. 다음을 읽고 질문에 답하세요.

Read the following passage and answer the questions.

㉠

사랑을 이루어 드립니다

★★★★☆ 8.73

감독 박현석
출연 김태진, 이민영, 최지훈

영화 '사랑을 이루어 드립니다'는 거절을 당할까 봐 고백하지 못하는 사람들, 고백하는 방법을 알지 못해 걱정만 하고 있는 사람들을 대신해서 사랑을 이루어 주는 어느 회사의 이야기다.

회사 문을 열고 들어온 한 남자. 커피숍에서 일하는 여직원을 짝사랑하고 있지만 사랑을 고백할 용기가 없는 그는 자신이 사랑을 이룰 수 있게 도와 달라고 부탁한다. 회사 직원들은 그의 사랑을 이루어 주기 위해 옷차림, 취미, 말투 등 여자가 바라는 남자의 모습을 조사·분석한 후 남자를 조금씩 ㉡ 그런 남자로 만들기 위해 노력한다.

몇 달 후 사랑을 고백하는 그날이 되었다. 남자는 귀에 작은 이어폰을 꽂고 고백 장소로 나간다. 직원들은 보이지 않는 곳에 숨어서 남자가 어떤 말을 하고 어떻게 움직이는 게 좋은지 가르쳐 준다. 한 편의 연극처럼 여자가 좋아하는 옷을 입고 여자가 듣고 싶어 하는 말을 여자가 좋아하는 말투로 들려주는 남자. 이 남자의 고백은 성공할 수 있을까? 자신의 진짜 모습을 숨기고 성공한 고백을 진짜 성공이라고 할 수 있을까?

1) ___㉠___에 가장 알맞은 것을 고르세요.
Choose the best answer for ㉠.

① 영화 제목 ② 영화 할인 ③ 영화 예매 ④ 영화 소개

2) ㉡ 그런 남자는 어떤 남자입니까?
What kind of man is ㉡ 그런 남자?

① 사랑을 고백할 용기가 없는 남자
② 다른 사람의 사랑을 이루어 주는 남자
③ 여자가 바라는 취미와 말투를 가진 남자
④ 보이지 않는 곳에서 사랑하는 여자를 돕는 남자

New Words

- 이루다 to achieve
- 거절 rejection
- 대신하다 to substitute
- 옷차림 outfit
- 말투 way of speaking
- 바라다 to hope
- 분석하다 to analyze
- 이어폰을 꽂다 to put on earphones
- 숨다 to hide

6. 지금 어디에 있습니까? 잘 듣고 고르세요.

Where are they now? Listen carefully and choose the correct answer.

WB Track 13

1) ①

②

③

④

2) ①

②

③

④

7. 남자의 마지막 말로 어울리는 것을 고르세요.

Choose the best statement to be the man's closing remarks.

WB Track 14

① 세상에는 나쁜 사람들이 많아서 정말 걱정이야.

② 세상에는 그런 일도 있으니까 조심할 필요 없어.

③ 세상에는 나쁜 일이 많으니까 항상 조심하는 게 좋아.

④ 세상에는 나쁜 사람들만 있는 게 아니니까 너무 걱정하지 마.

8. 잘 듣고 질문에 답하세요.

Listen carefully and answer the questions.

WB Track 15

1) 지금 엄마의 기분은 어떻습니까?

How does the mother feel now?

① 아들이 소포를 보내줘서 기쁘다.

② 아들이 부모의 마음을 몰라줘서 섭섭하다.

③ 아들이 군대 생활을 잘하고 있어서 뿌듯하다.

④ 아들이 군대 생활에 적응을 못할까 봐 걱정이다.

New Words

몰라주다 to fail to understand

군대 military

2) 대화에서 알 수 없는 것을 고르세요.

Choose the statement that cannot be inferred from the conversation.

① 부모는 항상 자식을 걱정한다.

② 아들은 군대에서 즐겁게 지내고 있다.

③ 엄마는 아들 앞에서는 걱정 안 하는 척했다.

④ 아들이 군대에 가고 나서 엄마는 며칠 동안 울었다.

6 음식과 조리법

Foods and Recipes

Vocabulary

1. 알맞은 것을 골라 문장을 완성하세요.
Choose the correct answer to complete the sentence.

고소하다	매콤하다	느끼하다	달콤하다	얼큰하다	새콤하다

1) 초콜릿이나 케이크처럼 달콤한 음식을 먹으면 기분이 좋아진대요.
2) 나는 고추장과 식초가 들어 있어 ________고 ________ 냉면을 좋아한다.
3) 며칠 동안 피자, 돈가스처럼 기름지고 ________ 음식들을 계속 먹어서 오늘은 김치찌개처럼 국물이 ________ 음식을 먹고 싶어요.
4) 나물을 무칠 때 참기름과 깨를 넣으면 맛이 더 ________.

2. 공통으로 들어갈 단어를 골라 문장을 완성하세요.
Choose a common word to complete the sentences.

재우다	굽다	부치다	말다

1) 재우다
① 저녁에 먹으려고 고기를 재워 놓았어요.
② 아기를 ________ 조용한 노래를 불러 보세요.

2) ________
① 결혼식에 갈 때는 청바지를 입지 ________ 양복을 입으세요.
② 김밥에 재료를 너무 많이 넣으면 ________ 힘들어요.

3) ________
① 빵 ________ 냄새가 참 좋네요.
② 생선을 맛있게 ________ 법을 알면 좀 가르쳐 주세요.

4) ________
① 고향에 소포를 ________ 우체국에 가는 중이에요.
② 인터넷에서 레시피를 찾아서 부침개를 ________ 봤어요.

New Words
식초 vinegar
기름지다 to be oily
참기름 sesame oil
깨 sesame
레시피 recipe

3. 그림을 보고 문장을 완성하세요.

Look at the picture and complete the sentence.

떡볶이 맛있게 만드는 법

[재료] 떡볶이 떡 600g, 어묵 200g, 양파 1개, 파 1/2개, 고추장 2T, 고춧가루 2T, 설탕 1T, 다진 마늘 1T, 물엿 1T

1) 떡을 깨끗한 물에 씻으세요 .

2) 양파와 파도 물에 ________ 먹기 좋게 ________.

3) 고추장, 고춧가루, 설탕, 다진 마늘을 모두 그릇에 넣고 잘 ________.

4) 프라이팬에 물을 ________고 ________. 그다음에 3)번 양념을 넣으세요.

5) 떡, 어묵, 양파를 넣고 10분쯤 더 ________.

6) 마지막에 파를 ________.

※ 만들고 나서 달지 않으면 물엿을 조금 넣으세요.

※ 매운맛을 좋아하면 고추를, 치즈를 좋아하면 치즈를 넣어도 맛있어요.

New Words

어묵 fish cake

물엿 corn syrup

Grammar Points

1 A/V-(으)ㄴ/는 데다가

'-(으)ㄴ/는 데다가' is used when expressing the significance of the previous state or situation with the addition of another state or situation.

1. 그림을 보고 대화를 완성하세요.

Look at the picture and complete the conversation.

1) 

A 저 사람 정말 노래를 잘하지요?

B 네. 노래도 잘 부르는 데다가 춤도 잘 춰서 인기가 많대요.

2) 

A 오늘 바빠요?

B 숙제도 ____________ 시험공부도 해야 돼요.

3) 

A 날씨가 너무 덥지요?

B 네. ____________ 습도까지 높아서 일하기가 힘드네요.

4) 

A 이사한 집은 마음에 들어요?

B 네. 방도 ____________ 교통도 편리해서 아주 좋아요.

5) 

A 학생식당에 자주 가요?

B 네. 값도 ____________ 가까워서 자주 가는 편이에요.

6) 

A 마크 씨는 인기가 참 많네요.

B 공부도 ____________ 운동도 참 잘하거든요.

7) 

A 시험공부는 다 했어?

B 응. 단어도 모두 ____________ 연습 문제도 다 풀었어.

2. 다음과 같이 이야기해 보세요.

Practice the conversation as follows.

서울식당	친절하다 / 양이 많다
동대문 시장	물건이 많다 / 값이 싸다
명동	교통이 편리하다 / 쇼핑하기 좋다
전주	비빔밥이 유명하다 / 한옥마을이 예쁘다
한강 공원	지하철역에서 가깝다 / 경치가 좋다
한국 가수 콘서트	노래를 잘하다 / 춤을 잘 추다

2 A/V–던데(요)

'–던데(요)' is used when expressing that the speaker recalls a certain scene from the past, while talking fondly about that experience, or conveys a certain situation in the past, while anticipating a response from the listener.

1. 알맞은 것을 골라 대화를 완성하세요.
Choose the correct answer to complete the conversation.

없다	조용하다	아름답다	기다리다	친절하다	세일하다

1) A 점심 먹으러 어디로 갈까?
   B 지난번에 갔던 식당 어때? 직원들이 참 친절하던데 거기로 가자.

2) A 부모님께 드릴 선물을 사야 하는데 돈이 별로 없어서 큰일이야.
   B 오늘 백화점에서 ________________ 한번 가 보지 그래?

3) A 혼자 커피 마시면서 책 읽기에 좋은 카페 알아?
   B 학교 뒤에 새로 생긴 카페가 아주 ________________.

4) A 한국에 와서 가 본 곳 중에서 어디가 제일 좋았어요?
   B 제주도요. 경치가 진짜 ________________.

5) A 지금 가면 많이 기다려야 될까?
   B 응. 아까 보니까 사람들이 길게 줄을 서서 ________________.

6) A 소영 씨가 어디에 있는지 알아요?
   B 글쎄요. 아까 전화해 봤는데 집에는 ________________.

2. 다음과 같이 이야기해 보세요.

Practice the conversation as follows.

닭갈비를 처음 먹어 봤다 / 매콤했다	친구들하고 스키장에 갔다 / 스키를 잘 타는 사람이 많았다
역사박물관에 갔다 / 한번 구경할 만했다	김밥을 만들었다 / 만들기 쉬웠다
길에서 고등학교 동창을 만났다 / 나를 기억 못했다	얼마 전에 결혼한 친구를 만났다 / 참 행복해했다

③ V-(으)ㄴ/는 대로, N대로

'-(으)ㄴ/는 대로' is used when expressing that an action or state follows the same pattern as the previous past action or state.
'N대로' is used when expressing that there is no change based on the previous statement or content.

1. 그림을 보고 문장을 완성하세요.
Look at the picture and complete the sentence.

1) 

요리책대로 만들어 봤어요.

2) 

_______________ 줄을 서세요.

3) 

_______________ 하면 돼요.

4) 
_______________ 회의를 진행합시다.

5) 

_______________ 운동하세요.

6) 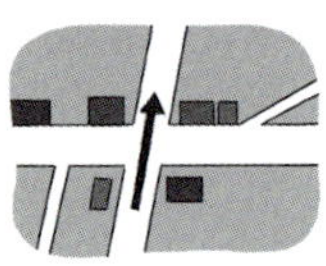
_______________ 쭉 걸어오시면 됩니다.

2. 대화를 완성하세요.
Complete the conversation.

1) A 한국어 수업을 듣고 싶은데 어떻게 신청하는지 가르쳐 주세요.
B 홈페이지 게시판에 나와 있는 대로 신청하면 돼요.
(홈페이지 게시판에 나와 있다)

2) A 빨래방에 있는 세탁기를 어떻게 사용하는지 알아요?

B ______________________ 하면 될 거예요.
(빨래방 벽에 쓰여 있다)

3) A 불고기를 어떻게 만들었어요?

B ______________________ 만들었어요.
(요리책에서 봤다)

4) A 이 수학 문제를 어떻게 풀어야 할지 모르겠어요.

B ______________________ 풀어 보세요.
(선생님이 가르쳐 주셨다)

5) A 가게가 골목 안에 있어서 찾기 힘들었을 텐데 잘 찾아왔네.

B ______________________ 오니까 별로 어렵지 않던데.
(아유미 씨가 알려 줬다)

3. 다음과 같이 이야기해 보세요.

Practice the conversation as follows.

New Words
골목 alley
설치하다 to install

떡볶이를 만들다

강원도에 가다

컴퓨터에 프로그램을 설치하다

발음 연습을 하다

4 V–아/어 놓다

'–아/어 놓다' is used when expressing that an action has been completed and that state has been maintained.

1. 그림을 보고 문장을 완성하세요.

Look at the picture and complete the sentence.

1) 

주말에는 표를 사기 어려우니까 미리 __예매해 놓아야__ 돼요.

2) 

손님들이 오기 전에 ________________ 돼요.

3) 

방학에 여행을 가려면 호텔을 미리 ________________ 돼요.

4) 

빵을 굽기 전에 오븐을 미리 ________________ 돼요.

5) 

내일 파티에 가려면 오늘 일을 다 ________________ 돼요.

6) 

저녁에 불고기를 만들려면 지금 재료를 ________________ 돼요.

2. 동생의 대학 입학을 축하하기 위해 여자가 무엇을 준비해 놓았는지 이야기해 보세요.

Talk about what the woman prepared to congratulate her sister on her college acceptance.

Comprehensive Review

1. 그림을 보고 대화를 완성하세요.

Look at the picture and complete the conversation.

1) 

(열리다 / 열다)

A 아침에 분명히 문을 닫고 나왔는데 창문이 열려 있네요 .

B 날씨가 좋아서 제가 아까 열어 놓았어요 .

2) 

(쓰이다 / 쓰다)

A 여기에 뭐라고 ______________? 글씨가 잘 안 보여요.

B '외출 중'요. 가게 주인이 ______________ 것 같아요.

3) 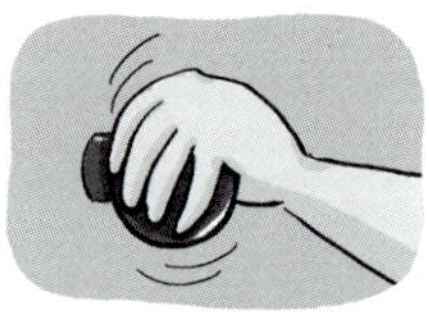

(잠기다 / 잠그다)

A 문이 ______________ 들어갈 수가 없어요.

B 보통 저녁에는 경비 아저씨가 ______________.

4) 

(걸리다 / 걸다)

A 여기 ______________ 그림은 누가 그린 거예요?

B 우빈 씨요. 예뻐서 제가 여기에 ______________.

5) 

(쌓이다 / 쌓다)

A 왜 이렇게 빨래가 많이 ______________?

B 제가 나중에 하려고 ______________. 신경 쓰지 마세요.

6) 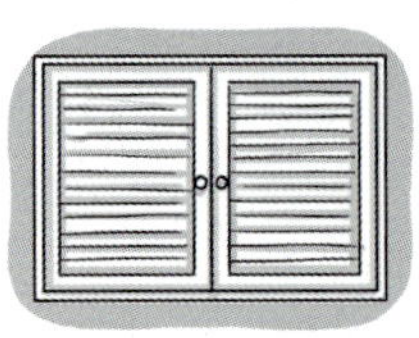

(닫히다 / 닫다)

A 문이 ______________ 답답해요.

B 아까 바람이 많이 불어서 ______________ 다시 열까요?

New Words

분명히 definitely

경비 guard

2. 알맞은 것을 고르세요.

Choose the correct answer.

1) 우빈 씨는 목소리가 멋있는 데다가

- ☐ 활발하고 친절해서 인기가 많아요.
- ☐ 속이 좁아서 친구가 별로 없어요.

2) 삼계탕은 건강에 좋은 데다가

- ☐ 불고기는 만들기 어렵지 않아요.
- ☐ 맵지 않아서 아이들도 좋아해요.

3) 에밀리 씨는 지각을 자주 하는 데다가

- ☐ 소영 씨는 물건을 잘 잃어버려요.
- ☐ 일할 때 실수를 많이 하는 편이에요.

4) 도시는 공기가 별로 안 좋은 데다가

- ☐ 교통이 편해서 살기 좋아요.
- ☐ 항상 길이 막히고 소음이 심해요.

New Words

공기 air
개발되다 to be developed
관심(을) 끌다 to attract attention
명령 command
실제로 actually
이내 within
양치질(을) 하다 to brush one's teeth
동작 movement

3. 맞으면 ○, 틀리면 × 하세요.

Mark O if the statement is true and X if it is false.

생각대로 움직이는 로봇 팔

지난 5일 생각대로 움직이는 로봇 팔이 개발되어 사람들의 큰 관심을 끌고 있습니다. 지금까지의 로봇은 버튼을 누르거나 말로 명령을 해야 됐지만 이 로봇 팔은 사용자가 생각하는 대로 움직이기 때문에 손이나 발을 마음대로 사용하지 못하는 사람들에게 큰 도움을 줄 것으로 기대됩니다. 실제로 교통사고로 두 팔을 잃은 제임스 씨는 얼마 전부터 이 로봇 팔 덕분에 다른 사람의 도움을 받지 않고 맥주잔도 잡을 수 있고 운전도 할 수 있게 되었습니다. 앞으로 10년 이내에 음식을 만들거나 양치질을 하는 어려운 동작도 가능할 것으로 기대됩니다.

1) 로봇 팔을 사용할 때는 말로 명령할 필요가 없다. (　　)

2) 생각하는 대로 움직이는 로봇은 10년 전에 개발되었다. (　　)

3) 제임스 씨는 이제 로봇 팔 덕분에 혼자 양치질을 할 수 있다. (　　)

4. 알맞은 것을 연결하세요.

Match each item with the correct item.

1) 저는 친구가 없어서 혼자 있는 시간이 많아요. 밥도 혼자 먹고 주말에는 텔레비전만 볼 때도 많고요. 친구를 사귀고 싶은데 저처럼 책을 좋아하는 사람이면 좋겠어요. •

2) 요즘 잠을 잘 못 자서 너무 피곤해요. 입맛도 없고 아침에 일어나는 것도 너무 힘들고요. 오늘도 회사에 지각했는데 잠 때문에 이렇게 스트레스를 받게 될 줄 몰랐어요. •

3) 봄에는 날씨가 따뜻하고 예쁜 꽃들이 많아서 산책하기에 참 좋은 것 같아요. 저는 봄을 좋아해서 고향에서는 봄이 되면 항상 꽃구경을 갔는데 서울에서는 어디에 가면 꽃구경을 할 수 있는지 모르겠어요. •

4) 한국에 온 지 1년이나 됐지만 아직 한국말을 잘 못해요. 한국말을 잘 못하니까 한국 생활도 좀 불편하고 친구 사귀기도 힘들어요. 지금까지는 책을 보면서 혼자 공부했는데 한국어를 쉽고 재미있게 배워 보고 싶어요. •

• ① 그럼 이번 주말에 여의도공원에 같이 가 볼래요? 여러 가지 꽃과 나무를 보면서 산책하기 좋은 데다가 교통도 편리해요. 그리고 요즘은 벚꽃축제 기간이라서 꽃구경하기 좋을 거예요.

• ② 그럼 서울대학교 언어교육원에 등록해 보지 그래요? 저도 거기에서 한국어를 배웠는데 선생님들이 쉽게 잘 가르쳐 주시는 데다가 수업이 아주 재미있었어요. 그리고 여러 나라에서 온 친구들도 사귈 수 있어요.

• ③ 제가 가입한 동아리에 한번 와 보세요. 우리 동아리에는 책을 좋아하는 사람들이 많은 데다가 주말마다 재미있는 모임이 있어서 즐겁게 시간도 보낼 수 있고 좋은 친구도 사귈 수 있을 거예요.

• ④ 그럼 같이 운동해 보는 건 어때요? 저도 잠을 잘 못 자서 얼마 전부터 운동을 시작했거든요. 운동을 하니까 기분이 좋아지는 데다가 잠도 잘 잘 수 있게 되어서 더 건강해진 것 같아요. 밥도 맛있게 먹게 됐고요.

New Words

- 벚꽃축제 Cherry Blossom Festival
- 산책하다 to take a walk

5. 잘 듣고 여자가 화가 난 이유를 고르세요.

Listen carefully and choose the reason that the woman got angry.

WB Track 16

① 동생이 순서대로 하지 않아서

② 동생이 약속대로 하지 않아서

③ 동생이 설명서대로 하지 않아서

④ 동생이 조리법대로 하지 않아서

6. 다음은 참치 김치찌개를 만드는 법입니다. 잘 듣고 조리법 순서대로 번호를 쓰세요.

The following is a recipe for Tuna Kimchi-jjigae. Listen carefully and number the steps of the recipe in the correct order.

WB Track 17

1) 물을 붓는다.
2) 김치를 썬다.
3) 김치를 볶는다.
4) 마늘을 볶는다.

(　　) → (　　) → (　　) → (　　)

7. 잘 듣고 질문에 답하세요.

Listen carefully and answer the questions.

WB Track 18

1) 여자가 좋은 식당을 찾는 이유는 무엇입니까?

Why is the woman looking for a good restaurant?

① 갈비를 먹으려고

② 아르바이트를 하려고

③ 남자와 같이 식사하려고

④ 친구들과 같이 밥을 먹으려고

New Words

설명서 manual

2) 서울식당에 대한 설명이 아닌 것은 무엇입니까?
Which statement does not describe Seoul Restaurant?

① 메뉴가 다양하다.

② 갈비가 아주 맛있다.

③ 주말에는 예약을 해야 한다.

④ 평일에도 사람이 많기로 유명하다.

7 신고와 신청

Reports and Applications

Vocabulary

1. 알맞은 것을 골라 대화를 완성하세요.

Choose the correct answer to complete the conversation.

신고하다	제출하다	작성하다	사인하다	첨부하다	문의하다

1) A 운전면허 시험을 보려고 하는데 어디에서 신청하는지 알아?

   B 요즘은 직접 갈 필요 없어. 인터넷으로도 서류를 ___제출할___ 수 있거든.

2) A 어떻게 오셨습니까?

   B 다음 학기 수강 신청에 대해 ________________ 게 좀 있어서 왔는데요.

3) A 먼저 번호표를 뽑고 나서 이 신청서를 ________________ 주세요.

   B 네. 그런데 여기 집 전화번호하고 휴대폰 번호 중에 하나만 써도 되지요?

4) A 신용 카드로 계산할 건데 서명 안 해도 돼요?

   B 네. 3만 원 이하는 ________________ 필요가 없습니다.

5) A 이메일을 보낼 때 사진 파일을 ________________ 걸 깜박 잊어버렸는데 어떡하지?

   B 괜찮아. 시간 날 때 다시 보내 줘.

6) A 엘리베이터가 고장 났나 봐.

   B 여기 전화번호가 쓰여 있으니까 이 번호로 ________________.

New Words

이하 less than; under

2. 퍼즐을 완성하세요.

Complete the puzzle.

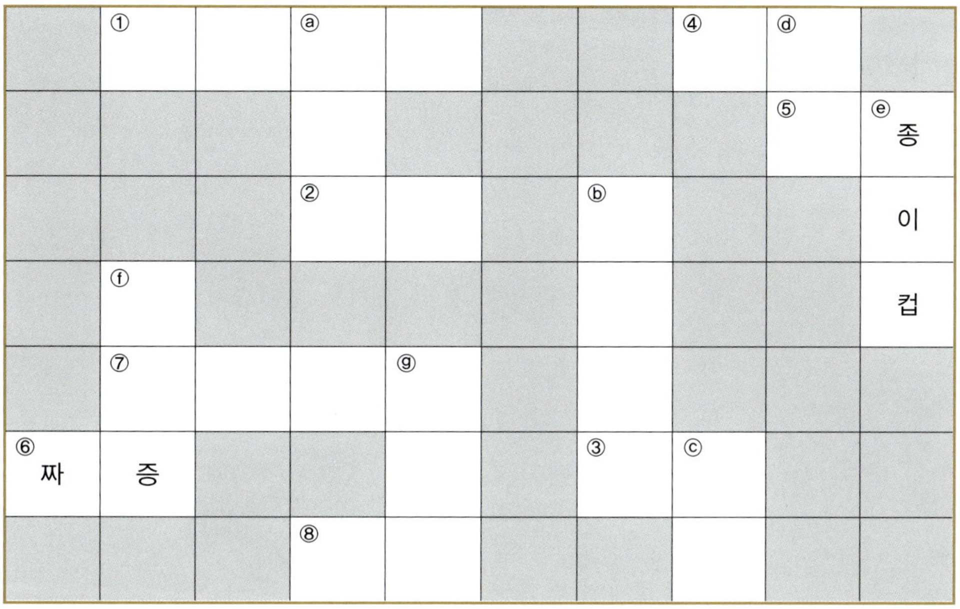

가로 →

① 아기가 태어난 사실을 나라에 신고하는 것
② 자기만의 방법으로 자신의 이름을 쓰는 것
③ ㅇㅇ 신고는 112
④ 꽃이나 나무를 심어서 키우는 그릇
⑤ 사라져서 죽었는지 살았는지 알 수 없게 됨.
⑥ 완벽하게 마음에 들지 않아서 화를 내는 것 "ㅇㅇ을 내다"
⑦ 학교나 학원에서 수업을 신청하는 것
⑧ 이름을 새겨 서류에 찍을 수 있게 만든 물건

세로 ↓

ⓐ 어떤 기관에 자신이 바라는 것을 해 달라고 쓴 서류
ⓑ 졸업을 기념하기 위해 학창 시절 사진을 모아 놓은 책
ⓒ 잘못이나 실수를 했을 때 하는 말. "ㅇㅇ합니다."
ⓓ 자신도 모르게 물건을 잃어버리는 것
ⓔ 한번 사용하고 버릴 수 있게 종이로 만든 컵
ⓕ 어떤 서류를 주고받은 사실을 확인하는 표
ⓖ 결혼식에 와서 축하해 달라고 보내는 초대장

New Words

사라지다 to disappear
새기다 to engrave
기관 institution

Grammar Points

1 A–(으)ㄴ가요?, V–나요?, N인가요?

'–(으)ㄴ가요?, –나요?, N인가요?' are interrogative sentences that have a more subtle or friendly feel than '–아요/어요.'

1. 그림을 보고 대화를 완성하세요.

Look at the picture and complete the conversation.

1) 

A 주말에 약속이 있나요 ?

B 네. 친구하고 영화 보러 가기로 했어요.

2) 

A 한국어 수업을 신청하려면 뭐가 ____________________?

B 여권과 사진이 필요해요.

3) 

A 학교에서 집까지 ____________________?

B 아니요, 멀지 않아요. 걸어서 10분밖에 안 걸려요.

4) 

A 어느 옷이 저에게 더 잘 ____________________?

B 흰색 셔츠가 더 잘 어울리는 것 같아요.

5) 

A 칼리드 씨에게 이메일을 ____________________?

B 네. 보냈는데 아직 답장이 없어요.

6) 

A 오늘이 ____________________?

B 수요일이에요.

7) 

A 저기 안경을 쓰고 있는 분이 ____________________?

B 우리 교수님이세요.

2. 다음과 같이 이야기해 보세요.

Practice the conversation as follows.

전통 인형	한정식
어디에서 팔다	어디가 맛있다

닭갈비	언어교육원
어떻게 만들다	뭐가 필요하다

경주	화장실
얼마나 걸리다	어디에 있다

New Words

한정식 traditional Korean set meal

2 V–아지다/어지다

'–아지다/어지다' is used when expressing that the subject did not directly do the action, but is affected by the situation by other means. It is a type of passivizing suffix.

1. 알맞은 것을 골라 대화를 완성하세요.

Choose the correct answer to complete the conversation.

쓰다	깨다	정하다	만들다	지우다	고치다

1) A 모임 장소를 정했어요?
   B 아니요, 아직 안 정했어요. 장소가 정해지면 제가 알려 드릴게요.

2) A 어젯밤에 바람이 너무 세게 불어서 유리창이 ________________.
   B 다치지 않았어요?

New Words
유리창 glass window

3) A 이 책은 누구 거예요?
   B 책 뒤에 이름이 쓰여 있는데 글씨가 많이 ________________ 누구 책인지 모르겠어요.

4) A 한국전자 AS 센터입니다. 무엇을 도와 드릴까요?
   B 며칠 전에 노트북 수리를 맡겼는데 노트북이 다 ________________?

5) A 10월 9일이 무슨 날이에요?
   B 한글이 ________________ 것을 기념하는 한글날이에요.

6) A 혹시 여기 있던 파란색 볼펜 못 봤어?
   B 아까 내가 그 볼펜으로 전화 내용 메모하다가 잘 안 ________________ 버렸어.

2. 다음과 같이 이야기해 보세요.

Practice the conversation as follows.

New Words

가로등 street light

3 V-는 대신(에), N 대신(에)

'-는 대신(에)' is used when expressing the substitution of the previous action for another action. 'N 대신(에)' is used when expressing the substitution of the previous noun for the following noun or action.

1. 그림을 보고 문장을 완성하세요.

Look at the picture and complete the sentence.

1) 

소고기가 없어서 소고기 대신 닭고기를 넣었어요.

2) 

시간이 없어서 ______________________ 먹었어요.

3) 

사과가 너무 비싸서 ______________________ 샀어요.

4) 

현금이 없어서 ______________________ 냈어요.

5) 

휴가가 짧아서 ______________________ 갔어요.

6) 

엄마가 바빠서 ______________________ 요리했어요.

2. 그림을 보고 대화를 완성하세요.

Look at the picture and complete the conversation.

1) 

A 같이 테니스 칠까?

B 오늘은 날씨가 더우니까 테니스를 치는 대신 수영장에 가는 게 어때?

2) 

A 요즘 생활비가 모자라는데 아르바이트를 해 볼까?

B 그러면 공부할 시간이 없을 텐데 ______________________?

3) 

A 우빈 씨가 전화를 안 받아요. 오늘 꼭 연락해야 되는데.

B 지금 회의 중일 테니까 ______________________?

4) 

A 오늘 유나 씨하고 데이트하기로 했는데 유나 씨가 영화를 좋아할까요?

B 오늘은 날씨가 좋으니까 ______________________?

5) 

A 내일이 어머니 생신인데 무슨 선물을 사야 할지 모르겠어요.

B 선물 고르기가 힘들면 ______________________?

6) 

A 밤에 잠이 잘 안 오는데 약을 먹어야 될까요?

B 많이 힘들지 않으면 ______________________?

3. 다음과 같이 이야기해 보세요.

Practice the conversation as follows.

New Words

외식하다 to eat out

저금하다 to save money

대사관에 가다	인터넷으로 신청하다
집에서 저녁을 먹다	밖에 나가서 외식하다
신용 카드로 계산하다	현금을 내다
멋진 차를 사다	은행에 저금하다
맥주를 마시다	차를 한 잔 마시다
직접 전화를 걸다	문자 메시지를 보내다

4 V–아/어 버리다

'–아/어 버리다' is used when expressing that an action is completely finished and that the speaker comes to feel either a sense of loss or dissatisfaction, or conversely, a sense of relief.

1. 대화를 완성하세요.

Complete the conversation.

1) A 혹시 내가 사 온 피자 못 봤어?

   B 미안해. 내가 너무 배고파서 다 먹어 버렸어.

2) A 약속 있다고 하더니 왜 이렇게 일찍 들어와요?

   B 한 시간을 기다렸는데 친구가 안 와서 그냥 ______________.

3) A 기분이 좋아 보이네요. 무슨 좋은 일 있어요?

   B 작성해야 되는 보고서가 있었는데 아까 다 ______________.

4) A 에밀리 씨, 머리를 잘랐네요.

   B 네. 날씨가 너무 더워서 시원하게 ______________.

5) A 너 또 가방 샀어?

   B 백화점에 갔는데 너무 마음에 들어서 ______________.

6) A 생일 선물로 받은 지갑인데 며칠 써 보지도 못하고 ______________.

   B 정말 속상하겠어요.

7) A 지난번에 빌린 책을 돌려주려고 했는데 깜빡 ______________ 안 가지고 왔어요.

   B 괜찮아요. 다음에 주세요.

2. 다음과 같이 이야기해 보세요.

Practice the conversation as follows.

Comprehensive Review

1. 밑줄 친 부분과 비슷한 의미의 단어를 골라 다시 쓰세요.
Choose and rewrite the word that has a similar meaning to the underlined portion.

문의하다	참석하다	첨부하다	작성하다	반복하다	제출하다

1) 궁금한 점이 있으면 880-5488로 전화해서 물어보세요.
→ 문의하세요

2) 바쁘실 텐데 이렇게 와 주셔서 감사합니다.
→

3) 신청서를 다 쓴 후에 2번 창구로 가시면 됩니다.
→

4) 같은 실수를 계속 하고 또 하는 것은 좋지 않아요.
→

5) 이번 주 금요일까지 입사 지원서를 내야 되는 줄 몰랐어요.
→

6) 보험금을 신청하려면 진료 확인서도 함께 내야 된다고 들었어요.
→

2. 대화를 완성하세요.
Complete the conversation.

1) 많다 / 알리다
A 전에는 사람이 별로 없었는데 관광객이 많아졌네요.
B 드라마 덕분에 사람들에게 많이 알려졌거든요.

2) 어둡다 / 정하다
A 벌써 밖이 ________________. 집에 가야겠어요.
B 저도요. 다음 모임 날짜가 ________________ 연락할게요.

3) 넓다 / 짓다
A 이제 회사 앞 도로가 ________________ 길이 덜 막히겠어요.
B 네. 그런데 내년에 회사 옆에 큰 백화점이 ________________.

New Words
창구 counter; window
입사 지원서 job application
관광객 tourist

4) **좋다 / 기다리다**

A 최근 배우 김수민 연기가 꽤 ______________ 것 같아.

B 너도 느꼈어? 난 다음 영화가 정말 ______________.

3. 그림을 보고 문장을 완성하세요.

Look at the picture and complete the sentence.

New Words

미루다 to postpone

대청소 spring cleaning

1) 

오늘 보고서를 끝내 버렸어요. (끝내다)

편한 마음으로 휴가를 갈 수 있어서 얼마나 기뻤는데요. (기쁘다)

2) 

비 때문에 길이 막혀서 공연 시간에 ______________. (늦다)

앞부분을 못 봐서 ______________. (속상하다)

3) 

세탁기가 자꾸 고장 나서 ______________. (바꾸다)

새 세탁기를 사서 ______________. (기분이 좋다)

4) 

가족들이 저를 기다리지 않고 저녁을 다 ______________. (먹다)

집에 도착했을 때 ______________. (섭섭하다)

5) 

오늘 그동안 바빠서 미뤘던 대청소를 ______________. (하다)

깨끗해진 집을 보니까 ______________. (뿌듯하다)

6) 

안에서 일하고 있었는데 사람들이 문을 ______________. (잠그다)

사람들이 올 때까지 ______________. (무섭다)

4. 다음을 읽고 질문에 답하세요.

Read the following passage and answer the questions.

[독자 마당]

우리나라의 신고 전화는 번호가 매우 다양하다. 전화 고장 신고는 110, 범죄 신고는 112, 화재 신고는 119, 수도 고장 신고는 121, 전기 고장 신고는 123, 환경 오염 신고는 128 등 신고의 종류마다 전화번호가 모두 다르다. 그런데 이 많은 전화번호를 사람들은 모두 외울 수 있을까? 아마도 신고할 때마다 어디에 전화를 해야 되는지 몰라서 당황하는 사람이 많을 것이다.

외국의 경우는 신고 전화가 하나의 번호로 통합된 나라들이 많다. 예를 들어 호주는 범죄, 응급, 화재 신고를 모두 0000번으로 통합하였다. 또 미국, 에콰도르 등 아메리카 대륙은 911번으로, 그리고 EU(유럽연합)에서는 EU통합응급신고시스템을 112로 통합해서 사용하고 있다.

이렇게 신고 전화가 하나의 번호로 통합이 되면 지금보다 쉽게 신고를 할 수 있어서 편리할 것 같다. 우리나라에서도 일부 지역에서는 신고 전화를 하나의 번호로 통합해서 사용하고 있지만 아직 나라 전체에서 통합 번호를 사용하지 않기 때문에 불편한 점이 많다. 우리나라도 신고 전화번호가 하나로 통합되어서 언제 어디서나 편리하게 신고할 수 있게 되기를 바란다.

김우빈(서울시 관악구 관악로 1)

1) 윗글의 제목으로 알맞은 것은 무엇입니까?

What is the best title for the above passage?

① 신고 전화, 고마워요!

② 신고 전화, 꼭 외우자!

③ 신고 전화, 번호를 다양하게!

④ 신고 전화, 하나로 통합하자!

New Words

- 수도 tap water
- 환경 오염 environmental pollution
- 당황하다 to be flustered
- 통합하다 to integrate
- 응급 emergency
- 에콰도르 Ecuador
- 아메리카 대륙 the Americas
- EU통합응급신고시스템 EU Emergency Report System
- 일부 part
- 전체 whole

2) 맞는 것을 고르세요.
Choose the correct answer.

① 한국에서 도둑을 신고하려면 119로 전화하면 된다.
② 김우빈은 신고 전화번호가 다양해서 좋다고 생각한다.
③ 한국에는 아직 신고 전화를 통합해서 운영하고 있는 지역이 없다.
④ 김우빈은 신고 전화를 통합하면 쉽고 편리하게 신고할 수 있을 거라고 생각한다.

5. 잘 듣고 여자가 전화한 이유를 고르세요.
Listen carefully and choose the reason that the woman made a phone call.

WB Track 19

① 책을 보내려고
② 물건을 신청하려고
③ 모레 부산에 가려고
④ 주소를 말해 주려고

6. 잘 듣고 맞는 것을 고르세요.
Listen carefully and choose the correct answer.

WB Track 20

① 혼인 신고는 주민센터에서도 할 수 있다.
② 혼인 신고 할 때 아내 대신 증인이 가도 된다.
③ 혼인 신고 할 때는 신분증 원본과 도장이 필요하다.
④ 혼인 신고는 남편과 아내가 꼭 같이 가서 해야 된다.

New Words
모레 the day after tomorrow
주민센터 community service center
증인 witness

7. 잘 듣고 질문에 답하세요.

Listen carefully and answer the questions.

WB Track 21

1) 남자가 전화를 한 이유는 무엇입니까?

Why did the man make a phone call?

① 친구 대신 문의하려고

② 친구 대신 등록금을 내려고

③ 친구 대신 한국어를 배우려고

④ 친구 대신 배치 시험을 보려고

2) 맞는 것을 고르세요.

Choose the correct answer.

① 홈페이지에서 배치 시험을 볼 수 있다.

② 홈페이지에서 기숙사 신청을 할 수 있다.

③ 수강 신청을 하려면 언어교육원에 가야 한다.

④ 수업을 들으려면 누구나 배치 시험을 봐야 한다.

New Words

배치 시험 placement test

8 친구와 연인

Friends and Lovers

Vocabulary

1. 알맞은 것을 연결하여 문장을 완성하세요.

Match each item with the correct item and complete the sentence.

1) 연인 •

2) 동성 친구 •

3) 이웃 •

4) 동료 •

5) 지인 •

6) 애인 •

• ① 에밀리 씨는 우리 옆집에 살아요. 에밀리 씨는 정말 좋은 ________ 예요/이에요.

• ② 민수 씨와 에밀리 씨는 서로 사랑하는 사이예요. 두 사람은 __연인__ 이에요.

• ③ 우빈 씨와 저는 같은 회사에서 일해요. 우빈 씨는 열심히 일하는 ________ 예요/이에요.

• ④ 정우 씨는 제 남자 친구예요. 저는 정우 씨를 사랑해요. 정우 씨는 제 ________ 예요/이에요.

• ⑤ 소영이는 제 친구예요. 소영이도 여자고 저도 여자니까 소영이는 제 ________ 예요/이에요.

• ⑥ 마크 씨는 제 친구는 아니지만 제가 잘 아는 사람이에요. 마크 씨는 저의 ________ 예요/이에요.

2. 알맞은 것을 고르세요.

Choose the correct answer.

외향적이다	겸손하다	냉정하다	느긋하다	붙임성이 좋다	예의 바르다

1) 제 남편은 집에 있는 것보다
친구들 만나는 것을 좋아하고 활발한 편이에요. — **외향적이다**

2) 우리 언니는 성격이 급하지 않아요.
항상 오래 생각하고 천천히 일해요. — ______

3) 칼리드 씨는 처음 만난 사람들과도 이야기를 잘 하고
사람들을 잘 사귀어요. — ______

4) 내 여자 친구는 내 기분을 생각하지도 않고
잘못된 부분을 정확하게 말해 줘요. — ______

5) 에밀리 씨는 시험을 볼 때마다 항상 1등을 하지만
한번도 자랑한 적이 없어요. — ______

6) 우빈 씨는 인사도 잘하고 어른들께 물건을 드릴 때는
항상 두 손으로 드려요. — ______

Grammar Points

1 N 만에, N 만이다

'N 만에' is used when expressing that another action occurs after an amount of time has passed. 'N 만이다' is used when expressing how much time has passed since an action occurred.

1. 그림을 보고 문장을 완성하세요.

Look at the picture and complete the sentence.

1) 6시 6시 5분

주문한 지 __5분 만에__ 음식이 나와서 깜짝 놀랐어요.

2) 10분 전 10분 후

남자 친구한테 헤어지자고 말한 지 ____________ 후회했어요.

3) 어제 오늘

어제 배운 문법을 배운 지 ____________ 잊어버렸어요.

4) 2014년 6월 2014년 9월

민수 씨와 소영 씨는 만난 지 ____________ 결혼했대요.

5) 2005년 2015년

입사한 지 ____________ 과장으로 승진해서 너무 기뻐요.

2. 문장을 다시 쓰세요.

Rewrite the sentence.

1) 여행을 갔다가 일주일 만에 집에 돌아왔어요.

→ 여행을 갔다가 집에 돌아온 게 __일주일 만이에요__.

2) 그 가수는 5년 만에 신곡을 발표했대요.

→ 그 가수가 신곡을 발표한 게 ______________.

New Words

신곡 new song

3) 10년 만에 고향에 돌아와서 정말 기뻐요.

→ 고향에 돌아온 게 ______________ 정말 기뻐요.

4) 동창들을 얼마 만에 다시 만나는지 모르겠어요.

→ 동창들을 다시 만나는 게 ______________ 모르겠어요.

5) 오래간만에 볼링을 치는데 옛날 생각도 나고 좋네요.

→ 볼링을 치는 게 ______________ 옛날 생각도 나고 좋네요.

3. 다음과 같이 이야기해 보세요.

Practice the conversation as follows.

숙제를 끝내다
지갑을 찾다
고향으로 돌아가다
컴퓨터가 고장 나다
퇴원하다

시작하다 / 2시간
잃어버리다 / 하루
한국에 오다 / 오 년
사다 / 두 달
입원하다 / 일주일

2 V–고 보니(까)

'–고 보니(까)' is used when expressing that after an action or experience, the speaker came to realize something new that was not known beforehand.

1. 알맞은 것을 골라 대화를 완성하세요.

Choose the correct answer to complete the conversation.

싸다	사다	듣다	앉다	보내다	그리다

1) A 고양이를 예쁘게 그렸네요.

B 사실은 호랑이를 그리려고 했는데 그리고 보니까 고양이 같네요.

2) A 준비 끝났으면 이제 출발할까요?

B 잠깐만요. 가방을 다 ______________ 수영복을 안 넣은 것 같아요.

3) A 노트북을 ______________ 생활비가 모자라는데 어떡하지?

B 다음 주에 월급 받으니까 일주일만 아껴 써.

New Words

(짐을) 싸다 to pack (one's belongings)

화해하다 to make up; reconcile

4) A 민수 씨하고 화해했어요?

B 네. 처음에는 화가 많이 났는데 민수 씨 이야기를 ______________ 이해가 됐어요.

5) A 이메일을 ______________ 주소를 잘못 쓴 것 같아요.

B 그럼 확인해 보고 주소가 틀렸으면 다시 보내요.

6) A 여기 자리 좀 바꿔 주세요. 자리에 ______________ 에어컨 바람이 너무 세네요.

B 그럼 저쪽으로 옮겨 드릴까요?

2. 다음과 같이 이야기해 보세요.

Practice the conversation as follows.

옷을 바꾸다	전화를 끊다	편지를 찢다
코트를 벗다	버스에서 내리다	창문을 닫다

3 A–(으)ㄴ데도, V–는데도, N인데도

'–(으)ㄴ데도, –는데도, N인데도' are used when expressing that the results normally expected from the situation of the previous clause are different from the results in the following clause.

1. 대화를 완성하세요.

Complete the conversation.

1) A 날씨가 추워서 공원에 산책하는 사람이 별로 없겠지요?

   B 아까 오는 길에 봤는데 날씨가 추운데도 사람이 많았어요.

2) A 넌 집이 가까우니까 지각한 적 없겠다.

   B 아니. 집이 ____________ 항상 늦잠을 자서 지각할 때가 많아.

3) A 요즘도 발음 연습을 많이 해요?

   B 네. 그런데 열심히 ____________ 발음이 안 좋아져요.

4) A 조금 전에 밥 먹지 않았어요? 밥 먹은 지 30분밖에 안 됐는데 또 빵을 먹어요?

   B 아까 밥을 ____________ 또 배가 고파요.

5) A 아직도 열쇠를 못 찾았어요?

   B 네. 하루 종일 집안을 다 ____________ 없어요. 분명히 집에 뒀는데…….

6) A 시험 기간인데 우빈 씨는 어디에 갔어요?

   B ____________ 공부 안 하고 친구들과 놀러 갔어요.

7) A 주말이라서 고속 도로가 많이 막혔지요?

   B 아니요. ____________ 별로 안 막혔어요.

New Words

고속 도로 highway

2. 다음과 같이 이야기해 보세요.

Practice the conversation as follows.

일 때문에 바쁘다 / 친구들을 잘 도와주다	나보다 나이가 많다 / 어려 보이다	눈이 나쁘다 / 안경을 안 쓰고 다니다
시험이 없다 / 매일 공부하다	노래를 못하다 / 가수가 되고 싶어하다	외국인이다 / 한국말을 잘하다

④ V–게 하다

'–게 하다' is used when expressing that a person causes, makes, or allows another person to do an action.

1. 대화를 완성하세요.

Complete the conversation.

1) A 선생님께서 학생들에게 무슨 책을 <u>읽게 하셨어요</u> ?
   B 이 책요. 발음 연습에 좋다고 하셨어요.

2) A 주차장에 자리가 없는데 친구한테 어디에 차를 ____________________?
   B 근처 공원에 세우라고 했어요.

3) A 아이가 몸이 너무 약해서 걱정이에요.
   B 그러면 태권도장에 보내서 태권도를 ____________________.

4) A 저 남자 좀 봐. 왜 여자 핸드백을 들고 있지?
   B 요즘 남자 친구한테 자기 가방을 ____________________ 여자들이 많거든.

5) A 아이가 아이스크림을 먹고 싶어 하는데 어떡하죠?
   B 안 됩니다. 감기가 다 나을 때까지는 절대로 못 ____________________.

6) A 엄마가 짧은 치마를 못 ____________________ 너무 속상해.
   B 우리 엄마도 항상 그래. 우리가 아직도 어린 아이인 줄 아신다니까.

New Words

약하다 to be weak
태권도장 taekwondo studio

2. 다음과 같이 이야기해 보세요.

Practice the conversation as follows.

Comprehensive Review

1. 알맞은 것을 고르세요.

Choose the correct answer.

날씬하다	이마가 넓다	붙임성이 좋다	내성적이다
다정하다	쌍꺼풀이 있다	꼼꼼하다	눈썹이 짙다

외모

날씬하다

성격과 태도

내성적이다

2. 그림을 보고 알맞은 것을 고르세요.

Look at the picture and choose the correct answer.

1)

- [x] 엄마가 아기에게 밥을 먹였어요.
- [ ] 엄마가 아기에게 밥을 먹게 했어요.

2)

- [ ] 의사가 아이에게 안경을 씌웠어요.
- [ ] 의사가 아이에게 안경을 쓰게 했어요.

3)

- [ ] 아빠가 아이를 앉혔어요.
- [ ] 아빠가 아이를 앉게 했어요.

4)

- [ ] 엄마가 아기를 재웠어요.
- [ ] 엄마가 아기를 자게 했어요.

3. 맞는 것을 고르세요.

Choose the correct answer.

1) 지난 1년 [☑ 동안 / ☐ 만에] 한국어를 배웠지만 아직도 잘 못해요.

2) 우빈 씨는 유학 생활을 끝내고 사 년 [☐ 동안 / ☐ 만에] 고향으로 돌아왔다.

3) 우리 졸업한 지 얼마 [☐ 동안 / ☐ 만에] 만나는 거예요?

4) 마크 씨가 앞으로 얼마 [☐ 동안 / ☐ 만에] 한국에서 지낼 예정인지 아세요?

5) 자동차 열쇠를 잃어버린 지 이틀 [☐ 동안 / ☐ 만에] 다시 찾게 되어 너무 기쁘다.

4. 맞으면 O, 틀리면 X 하세요.

Mark O if the sentence is correct and X if it is incorrect.

New Words
아기를 낳다 to give birth to a baby

1) 제 동생은 많이 먹는데도 살이 안 쪄요. (○)

2) 이번 시험이 쉬운데도 시험을 잘 봤어요. (   )

3) 일을 다 하고 보니까 같이 돈을 받읍시다. (   )

4) 일을 다 끝내고 보니까 사무실에 아무도 없었어요. (   )

5) 결혼한 지 3년 만에 아기를 낳게 되어서 정말 기뻐요. (   )

5. 다음을 읽고 질문에 답하세요.

Read the following passage and answer the questions.

[우리말 바르게 쓰기]

____

'사람'과 '인간', '동물'과 '짐승', '세계'와 '세상.' 이 단어들은 같은 말일까, 아니면 비슷한 말일까? 얼핏 생각하면 ① **뜻**이 같아서 서로 바꿔 쓸 수 있는 말들 같고 외국어로 이 말들을 번역해 보면 같은 외국어 단어를 찾게 될 수도 있다(동물=animal=짐승). 하지만 잘 생각해 보면 이 말들은 비슷한 뜻을 가졌지만 그 쓰임이 분명 다르다. 키우고 있는 강아지가 아파서 병원에 데리고 가야 할 때 '동물 병원'에 가는지 '짐승 병원'에 가는지 생각해 보면 쉽게 답을 찾을 수 있을 것이다. '우리말 바르게 쓰기'에서는 오늘부터 그 뜻이 같거나 매우 비슷하지만 ㉠ 사용하는 때가 구별되는 말에 대해 알아보겠다. 오늘은 그 첫 번째 ② **순서**로 '애인'과 '연인'에 대해서 알아보기로 하자.

애인과 연인은 이성으로서 서로를 사랑하는 사람을 의미하고 두 사람이 서로 사랑하고 있을 때만 사용된다. 이렇게 같은 의미로 사용하지만 이 말들은 ③ **쓰임**이 구별된다. 애인은 사랑하는 두 사람을 동시에 가리키지 못한다. 그러나 연인은 두 사람을 동시에 가리킬 수 있다.

- 그 사람은 철수 씨의 애인이에요. (○)
- 그 사람은 철수 씨의 연인이에요. (○)
- 호수에서 보트를 타고 있는 연인들이 보인다. (○)
- 호수에서 보트를 타고 있는 애인들이 보인다. (×)

또한 애인은 일상적인 구어에서 자주 쓰이고 연인은 문어에서 주로 사용되는 ④ **경향**이 있다.

1) '__________'에 알맞은 이 글의 제목을 쓰세요.

Write the best title for the passage in the blank.

__________ 와(과) __________

2) '㉠ 사용하는 때'와 같은 뜻으로 사용된 단어를 윗글에서 고르세요.

Choose the word that was used in the same context as '㉠ 사용하는 때' from the above passage.

① 뜻　　② 순서　　③ 쓰임　　④ 경향

New Words

- 바르다 to be correct
- 인간 human
- 동물 animal
- 짐승 beast
- 얼핏 at a glance
- 번역하다 to translate
- 쓰임 use
- 구별되다 to be differentiated
- 가리키다 to indicate
- 일상적 routine
- 구어 spoken language
- 문어 written language
- 경향 tendency

6. 잘 듣고 맞는 것을 고르세요.

Listen carefully and choose the correct answer.

WB Track 22

1) 여자는 ☐ 남자가 말을 안 해서 ☐ 남자가 많이 달라져서 누구인지 못 알아볼 뻔했다.

2) 남자는 여자의 그림에 ☐ 다시 시작할 용기를 내게 하는 힘이 ☐ 몸을 편안하게 해 주는 대단한 힘이 있다고 생각한다.

7. 잘 듣고 누구의 생각인지 고르세요.

Listen carefully and choose whose opinion is stated.

WB Track 23

	남	여
1) 사랑하는 감정이 생기면 고민하지 말고 고백하는 게 좋다.	☐	☐
2) 잘못 고백하면 사랑과 우정을 모두 잃을 수 있으니까 신중해야 된다.	☐	☐
3) 고백하기 전에 상대방도 같은 감정을 느끼고 있는지 알아보는 게 좋다.	☐	☐

8. 잘 듣고 질문에 답하세요.

Listen carefully and answer the questions.

WB Track 24

1) 대화에 나오는 부장님은 어떤 사람입니까?
What kind of person is the director in the conversation?

① 겸손하다. ② 냉정하다.
③ 느긋하다. ④ 성격이 급하다.

New Words
잃다 to lose
신중하다 to be prudent
상대방 the other person

2) 맞으면 ○, 틀리면 ×하세요.

Mark O if the statement is true and X if it is false.

① 여자는 오늘 남자와 같이 출장을 가야 한다. (　　)

② 여자는 남자가 겸손하고 붙임성이 좋은 사람이라고 생각한다. (　　)

③ 여자는 보고서를 잘못 써서 부장님에게 좋지 않은 소리를 들었다. (　　)

9 축제와 공연

Festivals and Performances

Vocabulary

1. 알맞은 것을 골라 대화를 완성하세요.

Choose the correct answer to complete the conversation.

흥겹다	지루하다	대단하다
수준이 높다	난해하다	감동적이다

1) A 넌 오늘 공연이 별로 재미없었니?

B 응. 지루해서 공연이 너무 길게 느껴졌어.

2) A 그 가수의 콘서트에 십만 명이나 되는 사람들이 왔대요.

B 정말요? 아주 ____________ 공연이었겠네요.

3) A 학생들이 준비한 공연인데도 꽤 ____________.

B 음악을 전공하는 학생들이 만든 공연이라서 그럴 거예요.

4) A 연극 내용이 좀 ____________?

B 응. 무슨 내용인지 이해가 잘 안 돼.

5) A 어제 공연을 보다가 저도 모르게 울어 버렸어요.

B 그렇게 ____________ 공연이었어요?

6) A 어제 본 탈춤 공연은 어땠어?

B 아주 신나는 공연이었어. 마지막에는 구경하던 사람들도 다 나가서 같이 ____________ 춤을 췄어.

2. 알맞은 것을 골라 문장을 완성하세요.

Choose the correct answer to complete the sentence.

세계적	감동적	내성적	현대적	인상적	정기적

1) 

A 혼자 있는 것을 좋아하나 봐요.

B 네. 전 친구가 많지 않고 성격이 좀 ___내성적인___ 편이에요.

2) 

A 서울 구경은 재미있었어요?

B 네. 전통적인 건물과 ______________ 건물을 모두 볼 수 있어서 참 좋았어요.

3) 

A 그 영화에서 어떤 장면이 가장 기억에 남아요?

B 마지막에 남자가 떠나는 장면이 참 ______________.

New Words

장면 scene

4) 

A 동창들과 오랜만에 만나니까 정말 좋다.

B 우리 이제부터 한 달에 한 번씩 ______________ 모일까?

5) 

A 그 책 다 읽었어?

B 응. 이렇게 ______________ 이야기는 처음 읽었어.

6) 

A 이 가수는 세계 여러 나라에 팬이 많다면서?

B 응. 한국 가수지만 ______________ 인기가 많아.

Grammar Points

1 N(이)라고 해서 다 A/V-(으)ㄴ/는 것은 아니다

'N(이)라고 해서 다 -(으)ㄴ/는 것은 아니다' is used when expressing that not all common beliefs about certain subjects are applicable.

1. 대화를 완성하세요.
Complete the conversation.

1) A 한국 사람은 모두 김치를 좋아해요?
   B 아니요. 한국 사람이라고 해서 다 김치를 좋아하는 건 아니에요.

2) A 돈이 많은 부자들은 참 행복하겠어요.
   B 글쎄요. ____________________.

3) A 가격이 비싼 물건이면 품질도 좋겠지요?
   B 아니요. ____________________.

4) A 소영 씨 남자 친구는 운동선수니까 키가 크겠네요.
   B 아니에요. ____________________.

5) A 우빈 씨처럼 잘생기고 친절한 남자는 여자 친구가 있겠지요?
   B 글쎄요. ____________________.

6) A 저 아이들은 부모님이 교수니까 공부를 잘할 것 같아요.
   B 그렇지 않아요. ____________________.

New Words
품질 quality

2. 다음과 같이 이야기해 보세요.

Practice the conversation as follows.

한국 음식 / 맵다

서울 / 집값이 비싸다

시장에서 파는 물건 / 싸다

비싼 신발 / 편하고 좋다

한국 사람 / 한국말을 잘 가르치다

한국 여자 / 김치를 담글 줄 알다

2 V–아다/어다 주다

'–아다/어다 주다' is used when expressing the change of location after an action is completed for the sake of another person.

1. 그림을 보고 대화를 완성하세요.

Look at the picture and complete the conversation.

1) 

A 여보세요. 준호 씨, 지금 어디예요?

B 마트에 있어요.

A 그럼 오는 길에 과일하고 우유 좀 사다 주세요.

2) 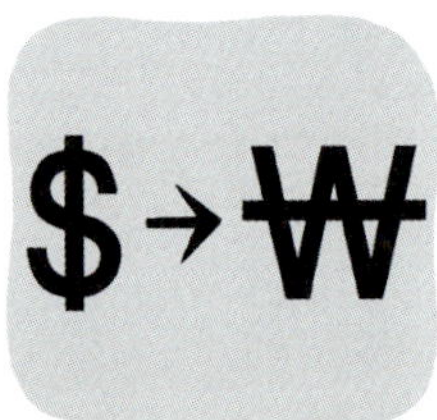

A 여보, 지금 어디예요?

B 은행에 가는 길인데 왜요?

A 그럼 50만 원만 달러로 ____________________.

3) 

A 지금 어디예요?

B 도서관에 있어요.

A 제가 바빠서 그러는데 도서관에서 책 좀 ____________________.

4) 

A 지금 어디예요?

B 세탁소에 있어요.

A 그럼 며칠 전에 맡긴 제 옷도 좀 ____________________.

5) 

A 보세요. 거기 피자집이죠? 피자 좀 주문하려고 하는데요.

B 네. 뭐로 주문하시겠어요?

A 불고기 피자 하나하고 콜라 큰 거 한 병 좀 ____________________.

2. 다음과 같이 이야기해 보세요.

Practice the conversation as follows.

빌리다

만들다

갖다

데리다

모시다

3 A/V–다/냐/(으)라/자고요? N(이)라고요?

'–다/냐/(으)라/자고요?' is used when inquiring again about what was said either when the speaker could not hear it clearly or would like to confirm that what was heard is correct.

1. 알맞은 것을 골라 대화를 완성하세요.

Choose the correct answer to complete the conversation.

1) A 다음 주부터 하늘공원에서 억새축제가 열린대요.

B 다음 주부터 억새축제가 열린다고요 ? 그럼 한번 가 볼까요?

2) A 내일 수학 시험 보는데 넌 공부 안 해?

B 뭐? 내일 수학 시험을 ______________? 난 몰랐어.

3) A 여행 가서 어디에서 묵으면 좋을지 같이 알아봐요.

B 여행 가서 묵을 곳을 같이 ______________? 알겠어요. 수업 끝나고 만나요.

4) A 보고서 끝내려면 얼마나 더 걸려요?

B 시간이 얼마나 더______________? 글쎄요. 아직 잘 모르겠는데요.

5) A 소개팅하러 갈 때는 그 회색 점퍼 좀 입지 마.

B 이 점퍼 ______________? 내가 제일 좋아하는 옷인데 왜?

6) A 저기가 선생님께서 가 보면 좋다고 하신 역사박물관이에요.

B 저기가 그 ______________? 그럼 지금 한번 가 봐요.

7) A 에밀리가 어제 새로 산 카메라를 잃어버렸대.

B 새로 산 카메라를 ______________? 정말 속상하겠다.

New Words

묵다 to stay

점퍼 jacket; jumper

2. 다음과 같이 이야기해 보세요.

Practice the conversation as follows.

④ N(이)든지

'N(이)든지' is used in conjunction with interrogative pronouns such as '누구, 어디, 언제, and 무엇' to express that regardless of what is chosen, it does not matter. It can be 'any–' or 'every–' depending on the context. '무슨[어느/어떤] N(이)든지' can also be used.

1. 그림을 보고 대화를 완성하세요.

Look at the picture and complete the conversation.

1) 

A 아이가 무엇이든지 다 잘 먹나요?

B 네. 저희 아이는 무슨 음식이든지 다 잘 먹어요.

2) 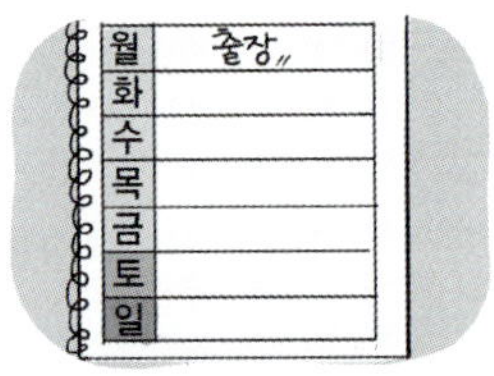

A 월요일만 빼고 ______________ 괜찮으니까 연락 주세요.

B 월요일만 빼고 ______________ 괜찮으시다고요? 알겠습니다.

3) 

A 퀴즈 프로그램에서 ______________ 갈 수 있는 여행상품권을 받았어요.

B 정말 ______________ 갈 수 있어요? 좋겠어요.

4) 

A 힘든 일 있으면 나한테 얘기 해. ______________ 다 도와줄게.

B ______________ 다 도와준다고? 말만 들어도 고맙다.

5) 

A 시장은 ______________ 이렇게 사람이 많은가요?

B 그럼요. ______________ 다 마찬가지예요.

> **New Words**
> 여행상품권 travel voucher
> 마찬가지 the same

6) 

A ______________ 다 장점을 가지고 있는 것 같아요.

B 저도 ______________ 다 장점을 가지고 있다고 생각해요.

2. 다음과 같이 이야기해 보세요.

Practice the conversation as follows.

New Words

국악 Korean traditional music

가능하다 to be possible

Comprehensive Review

1. 알맞은 것을 연결하세요.

Match each item with the correct item.

1) 어른이라고 해서 •	• ①	다 농구를 잘하는 건 아니다. 키가 작아도 농구를 잘할 수 있고 키가 커도 농구를 못할 수 있다.
2) 남자아이라고 해서 •	• ②	다 아이보다 모든 것을 잘하는 것은 아니다. 아이가 어른보다 더 나을 때도 있다.
3) 키가 크다고 해서 •	• ③	다 뚱뚱해지는 것은 아니다. 매일 운동하는 사람은 많이 먹어도 뚱뚱해지지 않는다.
4) 돈이 많다고 해서 •	• ④	다 장난감 자동차만 좋아하는 것은 아니다. 인형을 좋아하는 아이도 있다.
5) 음식을 많이 먹는다고 해서 •	• ⑤	다 살 수 있는 것은 아니다. 세상에는 돈으로 살 수 없는 것도 많다.

2. 알맞은 것을 고르세요.

Choose the correct answer.

1) 집에 와서 냉장고를 열어 보니까 먹을 것이 아무것도 없어요.

집에 오는 길에 먹을 것 좀
- ☐ 사 주세요.
- ☑ 사다 주세요.

2) 이 구두 정말 예쁘네요. 에밀리 씨에게 아주 잘 어울리고요.

오늘은 에밀리 씨 생일이니까 제가
- ☐ 사 줄게요.
- ☐ 사다 줄게요.

3) 버스를 타고 가야 하는데 지금 돈이 500원밖에 없어요.

미안하지만 돈 좀
- ☐ 빌려 줄 수 있어요?
- ☐ 빌려다 줄 수 있어요?

4) 엄마, 비가 오니까 제가 동생에게 우산을
- ☐ 갖다 줄게요.
- ☐ 갖다 드릴게요.

5) 고향에 계시는 할머니께 아이를
- ☐ 데려다 줬어요.
- ☐ 모셔다 드렸어요.

3. 알맞은 것을 골라 대화를 완성하세요.

Choose the correct answer to complete the conversation.

1)
- ☐ -대(요)?
- ☑ -다고(요)?
- ☐ -다면서(요)?

A 이번 출장은 제주도로 갑니다.

B 네? 제주도로 간다고요 ?

2)
- ☐ -대(요)?
- ☐ -다고(요)?
- ☐ -다면서(요)?

A 소영 씨한테 들었는데 우빈 씨가 교통사고가 나서 병원에 입원했대요.

B 어느 병원에 ______________?

3)
- ☐ -대(요)?
- ☐ -다고(요)?
- ☐ -다면서(요)?

A 저는 일주일에 책을 세 권 정도 읽어요.

B 일주일에 책을 세 권이나 ______________?

4)
- ☐ -대(요)?
- ☐ -다고(요)?
- ☐ -다면서(요)?

A 뉴스를 봤는데 강원도에 눈이 많이 ______________?

B 네. 폭설이 내려서 길이 모두 막혔대요.

5)
- ☐ -대(요)?
- ☐ -다고(요)?
- ☐ -다면서(요)?

A 동창한테 들었는데 너 고등학교에서 영어를 ______________?

B 응. 서울에 있는 고등학교에서 영어를 가르치고 있어.

6)
- ☐ -대(요)?
- ☐ -다고(요)?
- ☐ -다면서(요)?

A 준호가 곧 영국으로 유학을 떠난다고 했어.

B 정말? 언제 ______________?

4. 다음을 읽고 질문에 답하세요.

Read the following passage and answer the questions.

프롤로그 | 여행이야기 | 이벤트 페이지

[여행 이야기] 안동탈춤페스티벌 구경하러 가세요!

지금 안동 하회마을에서는 안동탈춤페스티벌이 열리고 있다. 축제장은 하회마을과 조금 떨어져 있지만 무료 셔틀버스가 운행되고 있기 때문에 축제장을 찾기는 별로 어렵지 않다. 셔틀버스 출발 시간 등 자세한 내용은 안내 책자를 참고하면 된다.

탈춤 공연장 입장료는 일반 7,000원, 학생과 65세 이상은 5,000원이다. 한국의 전통 탈춤은 물론 싱가포르, 러시아 등 다른 나라의 춤 공연도 볼 수 있다. 그중 자신도 모르게 어깨가 들썩여지는 한국의 탈춤 공연이 가장 인기가 많다. 전통 공연은 재미없다고 생각하는 사람들이 많지만 ______㉠______. 그동안 전통 공연에 대한 편견이 있었다면 이번 공연이 그런 생각을 바꿔 주는 좋은 기회가 될 것이다.

안동탈춤페스티벌은 하루에 다 구경하기에는 시간이 좀 모자란다. 공연 외에도 여러 가지 체험 및 전시 프로그램이 다양하게 준비되어 있기 때문에 2박 3일 정도 여유롭게 계획을 세워서 가면 좋다.

1) 맞는 것을 고르세요.

Choose the correct answer.

① 이 축제는 2박 3일 동안 열린다.

② 탈춤 공연장에는 누구든지 무료로 들어갈 수 있다.

③ 안내 책자에는 셔틀버스에 대한 정보가 나와 있다.

④ 이 축제는 하루 정도면 충분히 다 구경할 수 있다.

New Words

- 축제장 festival grounds
- 안내 책자 guidebook
- 참고하다 to refer
- 어깨가 들썩이다 to have one's shoulders moved
- 편견 prejudice; bias
- 여유롭다 to be leisurely

2) ＿＿㉠＿＿ 에 가장 알맞은 것을 고르세요.

Choose the best answer for ㉠.

① 탈춤 공연장까지 데려다 준다.

② 언제든지 전통 공연을 볼 수 있다.

③ 세계 여러 나라의 전통 춤을 볼 수 있다.

④ 전통 공연이라고 해서 다 지루한 것은 아니다.

5. 잘 듣고 맞으면 ○, 틀리면 × 하세요.

Listen carefully and mark O if the statement is true and X if it is false.

WB Track 25

① 두 사람은 8시에 만날 것이다. (　　)

② 축제는 다음 주 일요일에 시작된다. (　　)

③ 남자는 여자의 말소리가 잘 안 들린다. (　　)

6. 잘 듣고 알맞게 연결하세요.

Listen carefully and match each item.

WB Track 26

		• ⓐ 갖다 드리다
1) 아들 •	• ① 서류/아버지 회사 •	
		• ⓑ 모셔다 드리다
2) 딸 •	• ② 할머니/지하철역 •	
		• ⓒ 갖다 주다
3) 엄마 •	• ③ 동생/유치원 •	
		• ⓓ 데려다 주다

7. 잘 듣고 질문에 답하세요.

Listen carefully and answer the questions.

WB Track 27

1) 여행 전문가가 추천하지 않은 것을 고르세요.

Choose the activity that the travel expert did not recommend.

① 칼국수 먹기 ② 갯벌 체험하기

③ 저녁노을 보기 ④ 바다에서 수영하기

2) 맞는 것을 고르세요.

Choose the correct answer.

① 선재도는 섬이라서 차로 갈 수 없다.

② 선재도는 하루에 여러 번 바닷물 높이가 달라진다.

③ 여행에 대한 궁금한 점은 문자를 보내서 알아볼 수 있다.

④ 섬 여행은 먹을거리는 많지만 볼거리는 별로 없는 편이다.

New Words

갯벌 mud flat

저녁노을 sunset

부록

Appendix

듣기 지문
Listening Transcript

1과 기쁨과 슬픔

듣기 5. 두 사람은 지금 어디에서 무엇을 하고 있습니까? 잘 듣고 고르세요.
WB Track 01

1) 여자 하하. 이것 좀 봐.
남자 SBC 라디오 세상, 연극 〈안녕하십니까?〉에 당첨되셨습니다. 이게 뭐야?
여자 며칠 전에 라디오에 글을 써서 보냈는데 당첨됐나 봐. 글만 써서 보내고 바빠서 라디오는 못 들었거든.
남자 좋겠다. 난 지금까지 이런 거 한 번도 당첨된 적이 없는데.
여자 시간 있으면 나하고 같이 이 연극 보러 갈래? 표가 두 장이거든.
남자 정말? 나야 고맙지.

2) 여자 어머님이 퇴원하셨다고 들었는데 이제 좀 괜찮으세요?
남자 네. 많이 좋아지셨어요. 가까운 공원에 걸어서 갔다 오시기도 하고 방 청소도 직접 하시고요.
여자 정말 다행이에요. 그런데 어머님이 입원하셨을 때 재민 씨도 간호하느라고 고생 많았겠어요.
남자 아니에요. 어머니께서 더 고생 많이 하셨죠.
여자 어, 저기 버스가 오네요. 저 먼저 가야겠어요. 내일 학교에서 봐요.

듣기 6. 남자가 하고 싶은 말은 무엇입니까? 잘 듣고 고르세요.
WB Track 02

남자 면접에서 떨어져 속상할 때, 친구의 거짓말에 화가 날 때, 그리고 사랑하는 사람이 떠나 마음이 아플 때 나는 노래를 듣는다. 노래를 듣고 있으면 "힘내. 다 잘 될 거야."라는 말을 들은 것처럼 마음이 편안해진다. 사람마다 위로가 되는 노래는 다르겠지만 나는 이수철의 〈널 믿어〉를 제일 좋아한다. "괜찮아. 잘 될 거야. 우리에겐 밝은 미래가 있어. 괜찮아. 잘 될 거야. 난 널 믿어." 이 노래를 듣고 있으면 정말 모든 걱정이 다 없어지는 것 같다. 노래가 아픈 몸을 낫게 할 수는 없겠지만 마음의 병은 치료할 수 있다. 나는 힘들 때마다 노래를 들으면서 정말 많은 위로를 받았다.

듣기 7. 잘 듣고 질문에 답하세요.
WB Track 03

남자 아유미 씨, 소영 씨 결혼식에 갈 거지요?
여자 그럼요. 가서 축하해 줘야지요. 웨딩드레스 입은 소영 씨 모습도 보고 싶고 신랑 얼굴도 궁금하고요.
남자 하하. 저도 아직 못 봤지만 영화배우처럼 아주 멋있는 남자라고 들었어요.
여자 그래요? 우빈 씨 말을 들으니까 더 궁금한데요. 그런데 시간 되면 만나서 같이 갈래요? 제가 길을 잘 몰라서요.
남자 저도 만나서 같이 가면 좋겠는데 저는 좀 늦게 도착할 것 같아요. 회사 일 때문에 부산에 갔다 와야 되거든요.

여자　부산요? 갔다 오려면 힘들겠어요.
남자　네. 하지만 소영 씨 결혼식인데 안 갈 수 없지요. 서울역에 1시쯤 도착하니까 많이 늦지는 않을 거예요.
여자　괜찮을까요? 토요일이라서 길이 좀 막힐 거예요.
남자　혹시 제가 많이 늦을 것 같으면 전화할 테니까 축의금 좀 내 주세요.
여자　알겠어요. 그럼 결혼식장에서 봐요.

2과 초대와 방문

듣기 4. 남자는 어디에 초대를 받았습니까? 잘 듣고 고르세요.

WB Track 04

1) 여자　칼리드 씨, 이번 주말에 시간 있어요?
남자　이번 주말요? 아무 약속도 없는데요.
여자　그럼 토요일 저녁에 같이 식사나 할래요?
남자　무슨 좋은 일 있어요?
여자　이번 토요일이 아버지의 예순 한 번째 생신이라서 사람들을 초대해서 같이 축하하려고요.
남자　그럼 꼭 가야죠. 토요일 몇 시까지 가면 돼요?
여자　저녁 일곱 시까지 오세요.

2) 여자　마크 씨, 어서 들어와요. 많이 덥지요?
남자　아니에요. 초대해 줘서 고마워요. 가게가 정말 좋네요.
여자　뭘요. 아직 정리도 다 못했어요.
남자　이거 받으세요. 오는 길에 샀어요.
여자　뭘 이런 걸 다 사 왔어요? 그냥 와도 되는데…….
남자　한국에서는 새로 사업을 시작하면 화분을 선물한다고 들었어요. 앞으로 사업 잘 되기를 바랄게요.

듣기 5. 맞지 않는 것을 고르세요.

WB Track 05

남자　가정의 달 5월, 선물할 데가 많으시죠? 사랑하는 사람들에게 무슨 선물을 해야 될지 고민이라면 꽃으로 감사와 축하의 마음을 표현해 보세요. 전화만 주시면 원하는 장소와 시간에 꽃을 배달해 드립니다. 꽃과 함께 전하고 싶은 말이 있으면 카드에 써서 무료로 같이 보내 드립니다. 2만 원을 더 내시면 와인과 케이크도 보내실 수 있습니다. 부모님께는 카네이션을, 사랑하는 아내에게는 장미꽃을 선물하고 싶지만 너무 바쁠 때 이젠 직접 꽃을 사러 갈 필요가 없습니다. 지금 전화 주세요.

듣기 6. 잘 듣고 질문에 답하세요.

WB Track 06

여자 'FM 라디오 세상~~~' 오늘 소개해 드릴 사연은 서울시 관악구 왕레이 씨 사연입니다.

안녕하세요? 저는 중국에서 온 왕레이라고 합니다. 한국에 온 지 3년이 되었는데, 이제 대학원 공부를 끝내고 중국으로 돌아가려고 합니다. 처음 한국에 왔을 때는 한국에 대해 아무것도 몰라서 정말 힘들었지만 한국에서 만났던 좋은 사람들 덕분에 한국말도 잘하게 되었고 한국에서 대학원도 졸업하게 되었습니다. 그래서 고향으로 돌아가기 전에 감사의 마음을 전하고 싶어서 이렇게 사연을 보내게 되었습니다.

먼저 저에게 처음 한국어를 가르쳐 주셨던 김 선생님. 선생님께서 한국어를 잘 가르쳐 주신 덕분에 한국어를 재미있게 배울 수 있었습니다. "선생님, 정말 감사합니다."

그리고 정우. 저의 첫 번째 한국 친구인 정우는 같은 기숙사의 룸메이트였습니다. 한국 생활에 대해 모르는 것이 있으면 항상 잘 가르쳐 주고 한국어 공부도 많이 도와주었습니다. "정우야, 정말 고마워."

그리고 학교 가는 길에 있는 식당과 가게의 아주머니, 아저씨들. 이분들도 저의 좋은 친구가 되어 주었습니다. 항상 웃으면서 반갑게 인사해 주셔서 학교 가는 길이 즐거웠습니다. "아주머니, 아저씨, 정말 고맙습니다."

음, 레이 씨는 정말 좋은 분들을 많이 만났네요. 중국에 돌아가서도 항상 행복하게 지내세요.

3과 건강과 운동

듣기 4. 잘 듣고 맞는 것을 고르세요.

WB Track 07

남자 에밀리 씨, 저 마크인데요. 부탁 하나만 해도 될까요?

여자 무슨 일인데요?

남자 제가 세미나에 참석하기 위해 다음 주에 중국에 가야 하는데 고양이를 맡길 곳이 없어서요. 미안하지만 고양이 좀 맡아 줄 수 있어요?

여자 그러지요, 뭐. 제가 잘 봐 줄 테니까 걱정하지 마세요. 그런데 고양이한테는 뭘 먹이면 되죠? 제가 고양이를 좋아하기는 하지만 키워 본 적이 없어서요.

남자 고양이한테 먹일 것은 제가 다 준비해서 드릴게요.

여자 네, 알겠어요. 걱정하지 말고 중국 잘 다녀오세요.

듣기 5. 잘 듣고 해도 되는 것에는 O, 하면 안 되는 것에는 X 하세요.

WB Track 08

남자(의사) 자, 이제 다 됐어요. 착하지?
여자 아이가 열이 있어서 그런지 자꾸 양말을 벗으려고 하네요.
남자 옷은 항상 따뜻하게 입히세요. 양말도 꼭 신기시고요.
여자 네, 알겠습니다. 선생님. 다른 것은 조심할 것이 없나요?
남자 아이스크림처럼 차가운 음식은 먹이지 마시고 될 수 있으면 다 나을 때까지 씻기지 않는 게 좋습니다. 6시간마다 약 먹이는 거 잊어버리지 마시고요.
여자 손을 씻기는 건 괜찮겠지요?
남자 물론이지요. 이도 꼭 닦여야 되고요.

듣기 6. 잘 듣고 질문에 답하세요.

WB Track 09

남자 날씬한 몸매를 원하십니까? 다가오는 여름에 바닷가에서 멋진 몸매를 자랑하고 싶지만 너무 살이 쪄서 수영복을 입기가 창피하세요? 살을 빼기 위해서는 날마다 운동을 하면 됩니다. 이것을 모르는 사람은 없습니다. 하지만 매일 운동하는 것은 말처럼 쉽지 않습니다. 바빠서 운동할 시간이 없는 분들, 쉽게 살을 빼려고 비싼 다이어트 약을 먹어 봤지만 건강만 나빠지셨던 분들, 스포츠센터에 등록했다가 힘들어서 며칠 만에 그만둔 적이 있는 분들, 이제 걱정하지 마십시오. '꿈의 의자'가 나왔으니까요. 14만 9천 원이면 다이어트 걱정 끝! '꿈의 의자'만 있으면 집에서 편하고 쉽게 운동할 수 있습니다. 먼저 '꿈의 의자'에 앉아 주십시오. 다음은 '꿈의 의자'에 다 맡겨 주시면 됩니다. 버튼 한 번만 누르시면 모든 운동을 쉽게 할 수 있습니다. 텔레비전을 보면서 날마다 30분씩만 '꿈의 의자'에 앉아 보십시오. 한 달 후에 날씬해진 자신의 모습을 보실 수 있습니다. 지금 바로 가까운 백화점을 찾아 주십시오. 나오실 시간이 없으면 전화만 주십시오. 전화로도 주문하실 수 있습니다. 서두르십시오. 곧 매진될 것 같습니다.

4과 추억과 경험

듣기 5. 지금 무엇을 하고 있습니까? 잘 듣고 고르세요.

WB Track 10

1) 남자1 길이 좀 막혀서 고생은 했지만 오랜만에 바다에 오니까 좋다!
여자 어. 이렇게 다 같이 앉아 있으니까 참 좋다. 옛날 생각도 나고.
남자1 옛날 생각?
여자 방학 때마다 친구들하고 바다에 자주 놀러 오곤 했거든. 한번은 정말 추운 겨울이었는데 친구 하나가 용기를 내서 물에 들어갔다가 '악~' 하고 소리치면서 나온 적도 있어. 정말 웃겼는데.
남자2 나도 전에 그런 적 있어. 여자 친구한테 멋있게 보이려고 바다에 들어갔는데 물이 너무 차가워서……. 안 추운 척하느라고 얼마나 고생했는데.

2) 여자1 하늘이 흐린 걸 보니까 내일 비가 올 것 같아.
여자2 아니야. 일기 예보에서 날씨 좋을 거라고 했어. 근데 이 옷은 어때? 민수 선배가 좋아할까?
여자1 글쎄. 예쁜데 좀 불편해 보인다. 이건 어때?
여자2 그게 더 괜찮아 보인다. 그런데 우리 이따가 시장에도 잠깐 가자.
여자1 시장은 왜? 혹시 도시락도 직접 만들려고?
여자2 응. 김밥 맛있게 만들어서 민수 선배하고 같이 먹으려고.
여자1 너 요리하는 거 별로 안 좋아하잖아. 민수 선배하고 사귀더니 요리도 하는 거야? 대단하다.

듣기 6. 잘 듣고 누구의 추억인지 고르세요.

WB Track 11

남자 에밀리 씨, 내일 고향으로 돌아가요? 정말 믿을 수가 없네요.
여자 저도 그래요. 시간이 이렇게 빨리 지나갈 줄 몰랐어요. 고향에 돌아가면 친구들이 많이 그리울 거예요. 짝하고 같이 커피숍에서 공부하던 일, 한강으로 놀러 가서 김밥 먹었던 일 등 모두 다 그리울 것 같아요.
남자 친구들하고 소풍도 갔어요?
여자 네. 김밥도 사지 않고 직접 만들어 갔어요. 그때 참 즐거웠는데. 그런데 칼리드 씨는 한국에서 살면서 가장 기억에 남는 일이 뭐예요?
남자 저는 퇴근 후에 한강에서 자전거 타던 일이 가장 기억에 남아요. 시원한 바람을 느끼면서 자전거를 타면 정말 기분이 좋아지거든요. 자전거 타면서 보는 서울의 야경도 아름답고요.
여자 그래요? 저도 한강에서 가끔씩 조깅하곤 했는데. 한번은 조깅하다가 자전거 타던 사람하고 부딪힌 적도 있어요. 별로 안 다쳤는데 그 사람이 너무 미안해해서 기억이 나네요.
남자 저는 사람하고 부딪힌 적은 없고 나무에 부딪힌 적이 있어요. 다쳐서 아픈 것보다 얼마나 창피했는데요.

듣기 7. 잘 듣고 질문에 답하세요.

WB Track 12

남자 이 인형이 아직도 있었네.
여자 무슨 인형인데요?
남자 너 기억 안 나니? 어렸을 때 네가 제일 좋아하던 인형인데.
여자 글쎄요.
남자 다섯 살 때까지 이 인형이 없으면 밤에 잠을 못 잤는데. 특히 비가 많이 내리고 바람이 심하게 부는 날에는 이 인형을 꼭 안고 자곤 했지.
여자 제가 그랬어요?
남자 그럼. 네가 천둥소리를 얼마나 무서워했는데. 그런 날에는 인형을 들고 우리 방으로 뛰어와서 이불 속에 숨곤 했지. 그러면 네 엄마가 네가 잘 때까지 노래를 불러 줬고.
여자 아! 그건 기억나요. 이불 속에서 엄마 노랫소리를 듣고 있으면 마음이 편안해졌어요. 그 얘기를 들으니까 이 인형도 생각나네요.
남자 그때는 네가 말도 참 잘 듣고 귀여운 아이였는데. 대학생이 되더니 요즘은 친구들하고 노느라고 바빠서 집에도 늦게 들어오고 얘기할 시간도 별로 없고. 그동안 말은 안 했지만 좀 섭섭했다.
여자 알겠어요. 내일부터는 일찍 들어올게요. 주말에 엄마하고 다 같이 가까운 산으로 소풍 가는 건 어때요? 도시락은 제가 준비할게요.

5과 날씨와 기후

듣기 6. 지금 어디에 있습니까? 잘 듣고 고르세요.

WB Track 13

1) 여자 무슨 소리 안 들려요? 빗소리 같은데.
남자 정말 비가 오네. 하루 종일 맑더니 갑자기 이 밤에 비가 내리지?
여자 어, 진짜 비 와요? 안 되는데.
남자 왜? 무슨 일 있어?
여자 내일 친구들하고 바다에 놀러 가잖아요.
남자 아, 맞다. 내일 간다고 했지?
여자 네. 오랜만에 친구들이랑 놀러 가는 거라서 정말 기대하고 있었는데. 수영복도 새로 샀거든요. 아, 내일은 비가 안 와야 될 텐데.

2) 남자 저기 산 보이지? 저 산이 남산이야. 저기 보이는 탑은 서울N타워고.
여자 와, 지하철역에서 정말 가깝네. 서울에는 도시에 산이 있어서 참 좋은 것 같아.
남자 좋기는 하지만 여기 자주 오기는 힘들어.
여자 왜? 너 산 좋아하잖아.
남자 회사 일도 많고 야근도 자주 해서 항상 피곤하니까 자주 못 와.
여자 그래? 내가 서울에 살면 자주 올 것 같은데.

듣기 7. 남자의 마지막 말로 어울리는 것을 고르세요.

WB Track 14

여자 그 소식 들었어요?
남자 무슨 소식?
여자 얼마 전에 우리 아파트에서 사람이 한 명 죽었잖아요. 그 사람을 죽인 사람이 옆집 남자래요.
남자 그래? 그 남자 착하고 성격도 좋아 보였는데.
여자 그러게요. 저도 오늘 그 사람이 경찰한테 잡혀갔다는 말을 듣고 깜짝 놀랐어요.
남자 세상 참 무섭네. 당신도 밤늦게 다니지 말고 조심해. 낮에도 문 꼭 잠그고 있고.
여자 네, 그래야겠어요. 이런 일이 우리 아파트에서도 생기니까 세상이 너무 무섭게 느껴져요. 우리한테도 이런 일이 생길까 봐 걱정도 되고요.
남자 하지만…….

듣기 8. 잘 듣고 질문에 답하세요.
WB Track 15

여자1 엄마, 뭘 보고 계세요?
여자2 조금 전에 소포가 왔거든.
여자1 어? 이거 오빠가 군대 가던 날 입었던 옷이네요.
여자2 우리 민수는 잘 지내고 있겠지? 많이 힘들까 봐 걱정이다. 군대 생활에 잘 적응해야 될 텐데.
여자1 엄마도 참. 오빠 군대 가던 날에는 걱정 안 한다고 말씀하셨잖아요. 씩씩하게 잘 다녀오라고 웃으면서 인사하시더니 왜 이렇게 걱정을 하세요?
남자 민아야, 그게 다 부모의 마음이야. 자식 앞에서는 걱정 안 하는 척하지만 부모는 항상 자식을 걱정한단다. 네 엄마가 오빠 군대 가고 나서 며칠 동안 얼마나 울었는지 아니?
여자1 진짜요? 몰랐어요. 엄마, 오빠는 잘 있을 테니까 너무 걱정하지 마세요.
여자2 그래도 이렇게 민수 옷을 보고 있으니까 더 보고 싶다.
남자 이렇게 걱정하시는 엄마 마음을 네 오빠도 알아야 할 텐데.
여자1 오빠는 성격이 활발하고 사람도 잘 사귀니까 군대 생활도 즐겁게 잘 할 거예요.

6과 음식과 조리법

듣기 5. 잘 듣고 여자가 화가 난 이유를 고르세요.
WB Track 16

여자 야채 안 사 왔어? 야채는 네가 들어올 때 사 오기로 했잖아. 다른 재료는 벌써 다 준비해 놓고 기다리고 있는데.
남자 앗! 깜박 잊어버렸어. 정말 미안해, 누나. 먼저 고기나 뭐 다른 것부터 볶고 있으면 그동안 내가 빨리 나가서 사 올게.
여자 안 돼. 조리법에 쓰여 있는 것처럼 야채를 순서대로 볶아야 맛이 있어.
남자 알았어, 알았어. 지금 나가서 사 올게.

듣기 6. 다음은 참치 김치찌개를 만드는 법입니다. 잘 듣고 조리법 순서대로 번호를 쓰세요.
WB Track 17

요리 선생님(여) 오늘은 참치 김치찌개 만드는 법을 가르쳐 드릴게요. 제가 가르쳐 드리는 대로만 하면 누구나 쉽게 만들 수 있으니까 잘 따라해 보세요. 먼저 김치를 적당한 크기로 썰어 놓으세요. 냄비에 기름을 조금 넣고 다진 마늘을 볶다가 김치를 넣어 함께 볶으세요. 김치가 어느 정도 익으면 물을 붓고 끓이다가 참치를 넣고 다시 끓이세요. 마지막으로 고춧가루와 파를 넣고 조금만 더 끓이면 맛있는 참치 김치찌개가 됩니다.

듣기 7. 잘 듣고 질문에 답하세요.

WB Track 18

여자　이 근처 식당 중에서 어디가 제일 좋아요?
남자　식당은 왜요?
여자　다음 주 토요일에 같이 아르바이트하는 친구들하고 식사하기로 했거든요.
남자　친구들이 어떤 음식을 좋아하는데요?
여자　글쎄요, 같이 일한 지 오래되지 않아서 잘 모르겠지만 다들 고기를 좋아하는 것 같던데요.
남자　그럼 사거리에 있는 서울식당이 어때요? 갈비가 맛있기로 유명하거든요.
여자　음…… 갈비를 싫어하는 친구가 있을지도 모르는데.
남자　다른 메뉴도 많이 있으니까 걱정할 필요 없어요.
여자　음식값은 어때요? 너무 비싸지 않을까요?
남자　거긴 값도 별로 비싸지 않은 데다가 직원들도 아주 친절해서 친구들도 모두 좋아할 거예요.
여자　그럼 거기가 좋겠네요. 그런데 미리 예약을 해야 할까요?
남자　토요일에 갈 거라고 했지요? 평일에는 괜찮지만 주말엔 항상 사람이 많아서 많이 기다려야 하니까 예약해 놓는 게 좋을 거예요.

7과 신고와 신청

듣기 5. 잘 듣고 여자가 전화한 이유를 고르세요.

WB Track 19

남자　네, 서울택배입니다.
여자　택배 신청 좀 하려고 하는데요. 오늘 보낼 수 있나요?
남자　죄송하지만 오늘은 시간이 늦어서 어렵고 내일 오전에 방문하겠습니다.
여자　네, 그럼 내일 오전에 와 주세요.
남자　주소가 어떻게 되세요?
여자　서울시 관악구 관악로 45 대학아파트 101동 807호예요.
남자　보내시는 물건이 뭔가요?
여자　박스 하나인데 안에는 교과서가 열 권쯤 들어 있어요. 내일 보내면 부산에 언제쯤 도착하나요?
남자　모레 저녁이면 도착합니다.

듣기 6. 잘 듣고 맞는 것을 고르세요.

WB Track 20

여자　어서 오십시오. 무엇을 도와 드릴까요?
남자　혼인 신고를 하려고 왔는데요.
여자　죄송하지만 혼인 신고는 구청이나 시청에 가서 하셔야 되는데요.
남자　그래요? 저는 주민센터에서도 할 수 있는 줄 알았는데 잘못 알고 있었네요.
여자　네, 혼인 신고서를 작성하신 후에 본인과 아내 되시는 분의 신분증과 도장을 가지고 가까운 구청이나 시청으로 가세요.
남자　신고서 제출할 때 아내는 같이 안 가도 괜찮은 건가요?
여자　네, 아내 분의 신분증 원본과 도장을 가지고 가시면 됩니다. 그리고 신고서 제출할 때 결혼을 증명해 줄 증인 두 명의 서명도 필요한데 알고 계신가요?
남자　네? 증인요? 혼인 신고 하기가 이렇게 복잡할 줄은 정말 몰랐네요.

듣기 7. 잘 듣고 질문에 답하세요.

WB Track 21

여자　네, 언어교육원입니다.
남자　제 친구가 외국 사람인데 한국어를 배우고 싶어 하거든요.
그래서 친구 대신 제가 몇 가지 문의 좀 하려고 전화 드렸습니다.
여자　네, 말씀하세요.
남자　수강 신청은 직접 언어교육원에 가서 해야 되나요?
여자　아니요. 홈페이지에서 신청하시고 등록금을 내시면 됩니다.
남자　아, 네. 그런데 언어교육원에 등록한 학생은 기숙사도 이용할 수 있나요?
여자　네. 기숙사 신청도 홈페이지에서 하실 수 있습니다.
그리고 한국어 수업을 들으려면 먼저 언어교육원에 와서 배치 시험을 보셔야 됩니다.
남자　그래요? 배치 시험은 언제 보는데요?
여자　수강 신청 하신 후에 다음 달 29일 10시까지 언어교육원 1층으로 오시면 됩니다.
남자　시험을 꼭 봐야 되나요?
여자　처음 등록하는 학생은 모두 배치 시험을 봐야 하지만 한국어를 전혀 모르는 사람은 시험을 보지 않고 1급 수업을 들을 수 있습니다.
남자　아, 그래요? 제 친구는 아직 한글도 모르니까 배치 시험은 안 봐도 될 것 같네요.

8과 친구와 연인

듣기 6. 잘 듣고 맞는 것을 고르세요.

WB Track 22

1) 남자 너 소영이지? 이게 몇 년 만이야? 그동안 잘 지냈어?
여자 너 혹시 민호니? 정말 많이 변했다. 네가 먼저 말 안 했으면 누구인지 못 알아볼 뻔했어.
남자 하하. 그래? 소영이 넌 옛날 모습 그대로인데. 하나도 안 변했어.
여자 10년이 지났는데도 하나도 안 변했다고? 거짓말하지 마.
남자 아니야. 정말 어렸을 때 모습 그대로야.

2) 여자 비가 많이 오는데도 이렇게 와 줘서 고마워요.
남자 아니에요. 저도 전시회에 꼭 오고 싶었어요. 제가 아유미 씨 그림을 얼마나 좋아하는데요. 아유미 씨가 그린 그림을 보고 있으면 마음이 편안해지거든요.
여자 정말요? 정말 제 그림을 보면 그런 생각이 들어요?
남자 네. 그리고 계속 보고 있으면 포기하고 싶었던 일도 '다시 시작해 봐야겠다.' 하는 생각도 들고요.
여자 마크 씨 이야기를 듣고 보니까 제가 대단한 화가가 된 것 같은데요.

듣기 7. 잘 듣고 누구의 생각인지 고르세요.

WB Track 23

여자 칼리드 씨, 칼리드 씨는 오랫동안 알고 지내던 친구가 갑자기 친구가 아니라 여자로 보인 적 있어요?
남자 네? 갑자기 그게 무슨 소리예요?
여자 제 친구가 요즘 그 문제 때문에 고민하고 있거든요. 그 친구의 이상형이 가슴을 두근거리게 하는 남자인데 얼마 전부터 만날 때마다 가슴이 두근거리는 같은 반 친구가 있대요. 그래서 제가 고민하지 말고 빨리 고백하라고 했어요.
남자 글쎄요. 제 생각에는 시간을 가지고 좀 더 생각해 보는 게 좋을 것 같은데요. 그 남자도 에밀리 씨 친구와 같은 생각인지 알 수 없잖아요.
여자 그렇게 생각만 하다가 그 남자한테 다른 여자 친구가 생기면 어떡해요? 저는 사랑하는 마음이 생기면 바로 표현하는 게 좋다고 생각해요.
남자 듣고 보니까 에밀리 씨 말도 맞네요. 하지만 고백했다가 거절당하면 좋은 친구도 잃고 사랑도 잃을 텐데요. 좀 더 신중해야 하지 않을까요?

듣기 8. 잘 듣고 질문에 답하세요.

WB Track 24

남자 우리 부장님은 다 좋은데 사람이 너무 차가운 것 같아요.
여자 왜요? 무슨 일 있었어요?
남자 부장님께 보고서를 내러 갔는데 보고서 내용이 잘못됐다고 처음부터 다시 쓰라고 하시잖아요. 보고서를 잘못 쓴 건 제 실수지만 그렇게 차갑게 말씀하실 필요는 없는데…….
여자 그랬어요? 하지만 저는 부장님의 그런 점이 좋아요. 잘못된 부분을 정확하게 말씀해 주시니까요. 차갑게 보일 수도 있지만 일할 때는 냉정하게 말해 주는 게 도움이 되거든요.
남자 생각해 보니까 그건 에밀리 씨 말이 맞네요. 그리고 제가 성격이 좀 급해서 실수가 많은 편이거든요.
여자 아니에요. 민수 씨도 얼마나 좋은 점이 많은데요. 겸손한 데다가 붙임성도 좋고 항상 인사도 잘 하고요.
남자 하하. 그래요? 고마워요.
여자 그런데 오늘 부산으로 출장 간다고 하지 않았어요? 출장 준비하려면 바쁠 텐데 이렇게 느긋하게 앉아서 차 마실 시간 있어요?
남자 출장 준비는 벌써 다 해 놓았죠. 5시 기차니까 한 20분쯤 후에 출발하면 돼요.
여자 그럼 출장 잘 갔다 와요. 저는 들어가 볼게요.

9과 축제와 공연

듣기 5. 잘 듣고 맞으면 O, 틀리면 X 하세요.

WB Track 25

여자 우빈아, 나야. 지금 전화 괜찮아?
남자 응. 소영이구나. 그런데 무슨 일이야?
여자 어제 얘기했던 그 축제, 언제부터라고 했지?
남자 다음 주 일요일부터 시작이래.
여자 월요일부터라고?
남자 아니. 일요일부터라고. 잘 안 들려?
여자 미안해. 지금 내가 밖에 있는데 좀 시끄러워서 그래. 좀 더 크게 말해 줘. 아, 일요일부터라고? 나 그 축제에 가 보고 싶었어.
남자 잘됐네. 나도 가고 싶었는데. 그럼 일요일 12시에 만나서 같이 가자.
여자 뭐라고? 아침 8시부터 만나자고?
남자 아니, 12시에 만나자고. 아무래도 안 되겠다. 집에 가면 다시 전화해.
여자 알겠어. 그럼 이따가 다시 전화할게.

듣기 6. 잘 듣고 알맞게 연결하세요.

WB Track 26

엄마　오늘은 할 일이 많으니까 다들 잘 들어.
아들　말씀하세요, 엄마.
엄마　준호 너는 이 서류를 아버지께 갖다 드려.
아들　네, 걱정 마세요.
딸　그럼 저는 뭘 하면 돼요?
엄마　너는 동생을 유치원에 데려다 주면 좋겠다. 유치원은 지난번에 가 봐서 알지?
딸　정확하게 기억은 안 나는데 찾아갈 수 있을 거예요. 걱정하지 마세요.
엄마　그럼 엄마는 너희 둘만 믿는다. 둘 다 방학이라서 정말 다행이야. 엄마는 할머니를 공항에 모셔다 드리고 바로 출근할게. 엄마 혼자였으면 정말 오늘 출근도 못할 뻔했는데 다들 고맙다.

듣기 7. 잘 듣고 질문에 답하세요.

WB Track 27

여자　오늘 '추억을 만들자' 시간에는 여행 전문가 한정우 씨를 모시고 사랑하는 사람들과 함께 가 볼만한 여행지에 대해 알아보겠습니다. 한정우 씨, 안녕하세요?
남자　네, 안녕하세요?
여자　추억을 만들고 싶은 사람들을 위해 가 볼만한 곳이 있으면 추천 좀 해 주시죠.
남자　사랑하는 사람들과 함께 하는 여행이라면 어디든지 좋겠지만 가을에는 아름다운 자연과 함께 하는 여행이 특별히 좋을 것 같아서 오늘은 서울에서 가까운 아름다운 섬을 추천해 드리려고 합니다.
여자　섬으로 떠나는 가을 여행이라……. 생각만 해도 멋진데요.
남자　네, 그렇죠? 오늘 추천해 드릴 곳은 선재도인데요, 선재도는 섬이지만 자동차로도 갈 수 있어서 교통이 아주 편리합니다. 그리고 섬 위에서 보는 저녁노을도 아주 아름답고요. 또 선재도는 하루에 한 번 바닷물의 높이가 달라지는데 바닷물 높이가 낮을 때는 주변에 있는 작은 섬까지 배를 타지 않고 걸어서 갈 수도 있고 갯벌 체험도 할 수 있습니다.
여자　섬 여행은 볼거리와 즐길 거리가 많아서 좋네요. 먹을거리는 어떤 게 있을까요?
남자　섬 여행이라고 해서 바다만 보고 오는 건 아니죠. 선재도에 가시면 전어와 해물 칼국수를 꼭 드셔야 합니다. 가을에는 전어가 아주 맛있는데요. 회로 먹어도 좋고 구워서 먹어도 맛있습니다. 그리고 해물을 넣은 칼국수도 아주 좋고요.
여자　와, 지금 당장 가 보고 싶네요. 좋은 정보 감사합니다. 오늘 추천해 드린 여행지에 대해 궁금한 점이 있으시면 문자를 보내거나 인터넷 게시판에 올려 주세요. 그럼 노래 한 곡 듣고 갈까요? 여행노트의 '여행을 떠나자.'

모범답안
Amswer Key

1과 기쁨과 슬픔

Vocabulary

1. 2) ⑤ 3) ① 4) ⑥ 5) ② 6) ④

2. 2) 속상한 3) 뿌듯할 거예요 4) 창피했어요
5) 섭섭해요 6) 안타까운

3. 2) 신(이) 나요. 3) 섭섭해요.
4) 속상해요. 5) 답답해요.

Grammar Points

❶ **1.** 2) 걸리겠어요 3) 피곤하겠어요 4) 섭섭하겠어요
5) 재미있었겠어요 6) 걱정하셨겠어요

❷ **1.** 2) 사야겠어요 3) 읽어야겠어요 4) 배워야겠어요/공부해야겠어요 5) 일어나야겠어요
6) 도와드려야겠어요

❸ **1.** 2) 한국컴퓨터에 다닌다고 들었어요
3) 서울식당 음식이 맛있다고 들었어요
4) 역사라고 들었어요
5) 3월 16일이라고 들었어
6) 부산에 사신다고 들었어
7) 아버지가 아프시다고/편찮으시다고 들었어요

❹ **1.**

	–아요/어요	–았어요/었어요	–지만	–(으)니까	–(으)ㄴ데/는데
낫다	나아요	나았어요	낫지만	나으니까	낫는데
짓다	지어요	지었어요	짓지만	지으니까	짓는데
붓다	부어요	부었어요	붓지만	부으니까	붓는데
젓다	저어요	저었어요	젓지만	저으니까	젓는데

2. 1) 부었어요 2) 씻으세요 3) 저어 4) 지은
5) 웃어

Comprehensive Review

1. 2) 만드는 3) 빨개요 4) 불러서 5) 매운
6) 부었어요 7) 들으면서

2 2) ⑤ 3) ① 4) ⑥ 5) ② 6) ④

3. 2) 부은 3) 있다고 4) 짓고 5) 가수라고
6) 나아서 7) 오겠어요

4. 1) ① 2) ④

5. 1) ② 2) ④

6. ④

7. 1) ④ 2) ③

2과 초대와 방문

Vocabulary

1. 2) ④, ⓐ 3) ①, ⓓ 4) ②, ⓒ

2.

	ⓐ결					ⓑ②화	분	
①약	혼	식				장		ⓓ세
	식		ⓒ개		③반	지		제
			업				ⓔ돌	
			식		ⓕ회		잔	
				④환	갑	잔	치	
⑤집	들	ⓖ이						
		사				⑥축	의	금

Grammar Points

❶ **1.** 2) 연극이나 3) 노래방이나 4) 책이나
5) 커피나 6) 공부나

❷ **1.** 2) 아무것도 3) 아무도 4) 아무 일도
5) 아무 데도 6) 아무 말도

❸ **1.** 2) 소영 씨 덕분에 3) 아이 덕분에 4) 청소기 덕분에
5) 가르쳐 준 덕분에 6) 써 주신 덕분에

❹ **1.** 2) 내려오는 길에 3) 갔다 오는 길에
4) 출근하는 길에 5) 들어가는 길에
6) 퇴근하는 길에

Comprehensive Review

1. 2) 나가는 길에 3) 치료해 주신 덕분에, 아무 문제도
4) 아무 약속도, 커피나
5) 아무것도, 아무 데도, 텔레비전이나

2. 2) 아무 대답도 3) 아무 데도 4) 아무것도
5) 아무 도움도 6) 아무 일도

3. 1) 전시회 2) ③

4. 1) ② 2) ④

5. ②

6. 1) ① 2) ④

3과 건강과 운동

Vocabulary

1. 2) 심해서 3) 어지러워서 4) 시큰거려서
   5) 무거운데 6) 결려서
2. 2) 굽혀서 3) 당기세요 4) 벌리세요 5) 숙인

Grammar Points

❶ 1. 2) 아이들을 위해 3) 취직을 위해
   4) 환경보호를 위해
 2. 2) 유럽으로 여행을 가기 위해
   3) 컴퓨터를 고치기 위해
   4) 한국어를 배우기 위해
   5) 가수가 되기 위해
   6) 회사에 지각하지 않기 위해

❷ 1. 2) 날마다 2시간씩 3) 토요일마다 1시간씩
   4) 6시간마다 2알씩 5) 월요일마다 6) 두 조각씩

❸ 1. 2) 웃겨요 3) 깨워 4) 입혀 5) 먹여 6) 살리는

❹ 1. 2) 예매했다가 3) 켰다가 4) 샀다가 5) 붙였다가
   6) 갔다가

Comprehensive Review

1. 2) 껐다가 3) 열었다가 4) 주차하다가
   5) 끊었다가 6) 읽다가
2. 2) 웃기는, 웃을 3) 살려, 살고 4) 태웠어요, 타서
   5) 죽이려고, 죽어 6) 알려, 알고
3. 1) 동생이 걱정돼서 2) ④
4. ③
5. 1) × 2) ○ 3) × 4) × 5) ○ 6) ○
6. 1) ② 2) ③

4과 추억과 경험

Vocabulary

1. 2) 그리워요 3) 후회가 돼요 4) 기억에 남아요
   5) 정든 6) 아쉬웠어요
2. 2) 신입사원 3) 매점 4) 근무
   5) 담임 선생님 6) 후배

Grammar Points

❶ 1. 2) 그만두더니 3) 다니더니 4) 고생하더니
   5) 통화하더니 6) 꼼꼼하더니

❷ 1. 2) 타곤 3) 사 먹곤 4) 기다리곤
   5) 오곤 6) 상상하곤

❸ 1. 2) 기뻐하세요. 3) 슬퍼했어요. 4) 피곤해해요.
   5) 더워해서 6) 먹고 싶어 해서

❹ 1. 2) 없는 척했어요. 3) 모르는 척했어.
   4) 마음에 드는 척했어요. 5) 안 좋아하는 척해요.
   6) 안 무서운 척했어요.

Comprehensive Review

1. 2) ⑤ 3) ④ 4) ① 5) ③
2. 2) 좋아합니다 3) 무서워합니다 4) 피곤해합니다
   5) 귀찮은
3. 2) 예뻐졌어요 3) 계산하다가 4) 아끼려면
   5) 아는 척했어요. 6) 가곤 했는데 7) 뻐근하더니
4. 1) ④ 2) ③
5. 1) ③ 2) ②
6. 1) 남 2) 남 3) 여 4) 여
7. 1) ③ 2) ②

5과 날씨와 기후

Vocabulary

1. 2) ①, ⓑ 3) ④, ⓓ 4) ③, ⓐ
2. 2) 그쳤어 3) 습해서 4) 내려간대
   5) 건조해요 6) 끼었어

Grammar Points

❶ 1. 2) 닫히는데 3) 끊겨서 4) 팔려요 5) 잡혔대요
   6) 보이는

❷ 1. 2) 심하더니 3) 게임하더니 4) 비싸더니
   5) 작더니 6) 건강하시더니

❸ 1. 2) 차로 데려다 줄 텐데
   3) 결과를 기다리고 있을 텐데
   4) 비용이 꽤 많이 들 텐데
   5) 일하기 불편할 텐데
   6) 또 떨어져서 많이 힘들어할 텐데

❹ 1. 2) 넘어질까 봐 3) 추울까 봐 4) 떨어질까 봐
   5) 잃어버릴까 봐 6) 놓칠까 봐

Comprehensive Review

1. 2) 나다 ① 나서 ② 날 3) 끼다 ① 낀 ② 끼니까
4) 들다 ① 들어서 ② 들어요 5) 오다 ① 올 ② 온
6) 크다 ① 크니까 ② 큰
2. 2) 추울 텐데 3) 비가 많이 올까 봐, 비가 많이 올 텐데
4) 살이 찔까 봐 5) 비쌀 텐데 6) 늦을까 봐 7) 화가 많이 났을 텐데 8) 미끄러울까 봐, 미끄러울 텐데
3. 2) ○ 3) ○ 4) ×, 들렸다 5) ×, 놓고 6) ○
7) ×, 끊긴다 8) ○
4. 2) 열심히 공부하더니 3) 어제는 정말 덥더니
4) 짧은 치마가 유행이더니 5) 어렸을 때는 뚱뚱하더니
6) 둘이 싸우더니 7) 전화를 받더니 8) 사람이 많더니
5. 1) ④ 2) ③
6. 1) ② 2) ③
7. ④
8. 1) ④ 2. ②

6과 음식과 조리법

Vocabulary

1. 2) 매콤하, 새콤한 3) 느끼한, 얼큰한 4) 고소해요
2. 1) ② 재우려면 2) 말다 ① 말고 ② 말기
3) 굽다 ① 굽는 ② 굽는
4) 부치다 ① 부치러/부치려고 ② 부쳐
3. 2) 씻어서, 써세요 3) 섞으세요 4) 붓, 끓이세요
5) 끓이세요 6) 넣으세요

Grammar Points

❶ **1.** 2) 많은 데다가 3) 더운 데다가 4) 큰 데다가
5) 싼 데다가 6) 잘하는 데다가 7) 외운 데다가
❷ **1.** 2) 세일하던데 3) 조용하던데 4) 아름답던데요
5) 기다리던데 6) 없던데요
❸ **1.** 2) 차례대로 3) 설명서대로 4) 일정대로
5) 의사 선생님 말씀대로 6) 약도대로
2. 2) 빨래방 벽에 쓰여 있는 대로
3) 요리 책에서 본 대로
4) 선생님이 가르쳐 주신 대로
5) 아유미 씨가 알려 준 대로
❹ **1.** 2) 청소해 놓아야 3) 예약해 놓아야 4) 켜 놓아야
5) 끝내 놓아야 6) 사 놓아야

Comprehensive Review

1. 2) 쓰여 있어요, 써 놓은
3) 잠겨 있어서, 잠가 놓으세요
4) 걸려 있는, 걸어 놓았어요
5) 쌓여 있어요, 쌓아 놓았어요
6) 닫혀 있어서, 닫아 놓았는데
2. 1) 활발하고 친절해서 인기가 많아요.
2) 맵지 않아서 아이들도 좋아해요.
3) 일할 때 실수를 많이 하는 편이에요.
4) 항상 길이 막히고 소음이 심해요.
3. 1) ○ 2) × 3) ×
4. 1) ③ 2) ④ 3) ① 4) ②
5. ②
6. (2)→(4)→(3)→(1)
7. 1) ④ 2) ④

7과 신고와 신청

Vocabulary

1. 2) 문의할 3) 작성해 4) 사인할 5) 첨부하는
6) 신고하자
2.

	①출	생	ⓐ신	고			④화	ⓓ분	
			청					⑤실	ⓔ종
			②서	명		ⓑ졸			이
	ⓕ접					업			컵
	⑦수	강	신	⑨청		앨			
⑥짜	증			첩		③범	ⓒ죄		
			⑧도	장			송		

Grammar Points

❶ **1.** 2) 필요한가요 3) 먼가요 4) 어울리나요
5) 보냈나요 6) 무슨 요일인가요
7) 누구신가요
❷ **1.** 2) 깨졌어요 3) 지워져서 4) 고쳐졌어요
5) 만들어진 6) 써져서
❸ **1.** 2) 밥 대신 샌드위치를 3) 사과 대신 바나나를
4) 현금 대신 카드를 5) 하와이 대신 제주도에

6) 엄마 대신 제가
2. 2) 아르바이트를 하는 대신 절약하는 게 어때?
3) 전화를 하는 대신 문자를 보내는 게 어때요?
4) 영화를 보는 대신 놀이공원에 가는 게 어때요?
5) 선물을 사는 대신 돈을 드리는 게 어때요?
6) 약을 먹는 대신 따뜻한 우유를 마시는 게 어때요?

❹ 1. 2) 와 버렸어요 3) 끝내 버렸어요
4) 잘라 버렸어요 5) 사 버렸어 6) 잃어버렸어요
7) 잊어버리고

Comprehensive Review

1. 2) 참석해 3) 작성한 4) 반복하는 5) 제출해야
6) 첨부해야
2. 2) 어두워졌어요, 정해지면 3) 넓어져서, 지어진대요
4) 좋아진, 기다려져
3. 2) 늦어 버렸어요, 얼마나 속상했는데요
3) 바꿔 버렸어요, 얼마나 기분이 좋았는데요
4) 먹어 버렸어요, 얼마나 섭섭했는데요
5) 해 버렸어요, 얼마나 뿌듯했는데요
6) 잠가 버렸어요, 얼마나 무서웠는데요
4. 1) ④ 2) ④
5. ①
6. ③
7. 1) ① 2) ②

8과 친구와 연인

Vocabulary

1. 2) ⑤ 3) ① 4) ③ 5) ⑥ 6) ④
2. 2) 느긋하다 3) 붙임성이 좋다 4) 냉정하다
5) 겸손하다 6) 예의 바르다

Grammar Points

❶ 1. 2) 10분 만에 3) 하루 만에 4) 세 달 만에
5) 10년 만에
2. 2) 5년 만이래요 3) 10년 만이라서
4) 얼마 만인지 5) 오래간만인데

❷ 1. 2) 싸고 보니까 3) 사고 보니까 4) 듣고 보니까
5) 보내고 보니까 6) 앉고 보니까

❸ 1. 2) 가까운데도 3) 연습을 하는데도 4) 먹었는데도
5) 찾았는데도 6) 시험 기간인데도 7) 주말인데도

❹ 1. 2) 세우게 했어요 3) 배우게 하세요 4) 들게 하는
5) 먹게 하세요 6) 입게 해서

Comprehensive Review

1. 외모: 이마가 넓다, 쌍꺼풀이 있다, 눈썹이 짙다
성격과 태도: 붙임성이 좋다, 다정하다, 꼼꼼하다
2. 2) 의사가 아이에게 안경을 쓰게 했어요
3) 아빠가 아이를 앉게 했어요
4) 엄마가 아기를 재웠어요
3. 2) 만에 3) 만에 4) 동안 5) 만에
4. 2) × 3) × 4) ○ 5) ○
5. 1) 같은 말, 비슷한 말 2) ③
6. 1) 남자가 많이 달라져서
2) 다시 시작할 용기를 내게 하는 힘이
7. 1) 여 2) 남 3) 남
8. 1) ② 2) ① × ② ○ ③ ×

9과 축제와 공연

Vocabulary

1. 2) 대단한 3) 수준이 높네요 4) 난해하지
5) 감동적인 6) 흥겹게
2. 2) 현대적인 3) 인상적이었어요 4) 정기적으로
5) 감동적인 6) 세계적으로

Grammar Points

❶ 1. 2) 돈이 많은 부자라고 해서 다 행복한 건 아니에요
3) 가격이 비싼 물건이라고 해서 다 품질도 좋은 건 아니에요
4) 운동선수라고 해서 다 키가 큰 건 아니에요
5) 잘생기고 친절한 남자라고 해서 다 여자 친구가 있는 건 아니에요
6) 부모님이 교수라고 해서 다 공부를 잘하는 건 아니에요

❷ 1. 2) 바꿔다 주세요 3) 빌려다 주세요
4) 찾아다 주세요 5) 갖다 주세요

❸ 1. 2) 본다고 3) 알아보자고요 4) 걸리느냐고요
5) 입지 말라고 6) 역사박물관이라고요
7) 잃어버렸다고

❹ 1. 2) 언제든지, 무슨 요일이든지
3) 어디든지, 어느 나라든지
4) 뭐든지, 무슨 일이든지

5) 어디든지, 어느 시장이든지
6) 누구든지, 어떤 사람이든지

Comprehensive Review

1. 2) ④ 3) ① 4) ⑤ 5) ③
2. 2) 사 줄게요 3) 빌려 줄 수 있어요 4) 갖다 줄게요
5) 데려다 줬어요
3. 2) 입원했대요 3) 읽는다고요 4) 왔다면서요
5) 가르친다면서 6) 떠난대
4. 1) ③ 2) ④
5. 1) × 2) ○ 3) ×
6. 1) ①, ⓐ 2) ③, ⓓ 3) ②, ⓑ
7. 1) ④ 2) ③

집필위원 Authors

신경선 이화여자대학교 국제대학원 한국학과 한국어교육전공 박사 수료
전 서울대학교 언어교육원 한국어교육센터 대우전임강사

현혜미 이화여자대학교 교육대학원 외국어로서의 한국어교육학과 석사
서울대학교 언어교육원 한국어교육센터 대우전임강사

김미경 이화여자대학교 교육대학원 외국어로서의 한국어교육학과 석사
서울대학교 언어교육원 한국어교육센터 대우전임강사

박광희 스리랑카 켈라니야 대학교 언어학 석사
서울대학교 언어교육원 한국어교육센터 강사

번역위원 Translators

김종호 서울대학교 농생명공학 석사
서울대학교 언어교육원 한국어교육센터 대우전임강사

Christina Ryu 미국 뉴욕주립대학교 (빙햄턴) 경제학 학사

감수 Supervisor

장은아 고려대학교 교육학 박사
서울대학교 언어교육원 한국어교육센터 대우조교수

도와주신 분들 Contributing Staff

일러스트 이진희

사진촬영 박재영

녹음 미디어리더